EXPOSITION UNIVERSELLE INTERNATIONALE DE 1889

A PARIS

# CATALOGUE GÉNÉRAL
## OFFICIEL

BEAUX-ARTS

EXPOSITION CENTENNALE DE L'ART FRANÇAIS

(1789-1889)

LILLE

IMPRIMERIE L. DANEL

M DCCC LXXXIX

BEAUX-ARTS

---

# EXPOSITION CENTENNALE DE L'ART FRANÇAIS

(1789-1889)

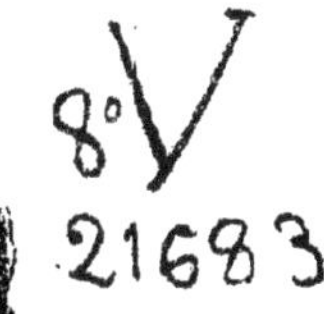

EXPOSITION UNIVERSELLE INTERNATIONALE DE 1889

A PARIS

# CATALOGUE GÉNÉRAL

## OFFICIEL

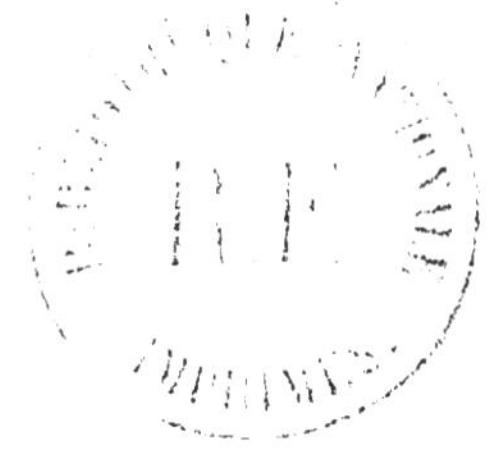

BEAUX-ARTS

EXPOSITION CENTENNALE DE L'ART FRANÇAIS

(1789-1889)

LILLE

IMPRIMERIE L. DANEL

M DCCC LXXXIX

# PRÉFACE

L'Exposition centennale de l'Art français est née du projet primitivement conçu de faire de l'Exposition universelle de 1889, dans toutes ses parties, l'Exposition du siècle.

Proposée en 1885, abandonnée en 1886, reprise et amendée en 1887, l'Exposition centennale de l'Art français a été autorisée par l'honorable M. Lockroy au mois de juillet 1888 dans sa forme première, c'est-à-dire avec la résolution de faire appel aux collections publiques et aux collections privées, afin de mettre en lumière, par un petit nombre d'exemples rigoureusement choisis, l'éclat et la puissance de l'Art français au cours de notre siècle.

On a reproché au Ministère des Beaux-Arts d'avoir consenti à déplacer des Musées un certain nombre d'œuvres qui y étaient déjà mises sous les yeux du public. Mais ce reproche n'a pas survécu à l'ouverture de l'Exposition centennale. Dès ce jour on a reconnu que l'on ne pouvait obtenir la démonstration que l'on avait tentée qu'en opérant des rapprochements indispensables à l'aide des œuvres empruntées à nos principales collections. Grâce à la bonne volonté des Musées nationaux et des Musées des départements, grâce aussi au dévouement des collectionneurs qui, venus de tous les points de l'horizon politique, se sont réunis dans une commune pensée de patriotisme, cette démonstration est aujourd'hui complète. Il est évident pour tous que l'Art français dans notre siècle a marqué sa supériorité par son amour de la vérité et que c'est à cette vertu constante qu'il doit l'influence qu'il exerce. Nous pouvons, à l'heure actuelle, nous dégageant de tous les préjugés d'écoles, prodiguer notre admiration à des talents très divers, en apparence opposés, qui appartiennent en réalité à une même famille et à une famille étroitement unie.

Mais je ne veux pas me livrer ici à des appréciations.

Mon rôle est plus simple et peut-être plus facile.

Il se borne à remercier tous ceux qui sont venus en aide au Commissariat au milieu des difficultés souvent grandes que l'Exposition de l'Art français a rencontrées.

Je me fais un devoir d'adresser tout d'abord mes remerciements à MM. E. Arago, Bonnat, de Chennevières, Crost, Courajod, Jean Gigoux, Gosselin, Eug. Guillaume,

Lafenestre, Paul Mantz-Marquiset, E. Müntz, Saglio, Dayot, Marx, Delair, Giudicelli, Dupré, Lefort, Barthélemy, qui formaient la première commission d'études.

La Commission des Conservateurs des Musées des Départements a droit également à l'expression de la reconnaissance du Commissariat spécial. Cette Commission comptait au nombre de ses membres très actifs :

MM. Gibert (musée d'Aix), Féragu (musée d'Amiens), Castan (musée de Besançon) Vallet (musée de Bordeaux), Gillet (musée de Châteauroux), Levéel (musée de Cherbourg), Gleize (musée de Dijon), Lhuillier (musée du Havre), Herlin (musée de Lille), Dissard (musée de Lyon), Veron-Faré (musée du Mans), Bouillon-Landais (musée de Marseille), Michel (musée de Montpellier), Jourdan (musée de Nîmes), Eudoxe Marcille (musée d'Orléans), Courmeaux (musée de Reims), Lebel (musée de Rouen), Garipuy (musée de Toulouse), Dècle (musée de Valenciennes), ainsi que MM. les Conservateurs des musées d'Alençon, Angers, Avignon, Bourges, Chartres, Clermont-Ferrand, Langres, Lisieux, Niort, Saint-Omer et Toulon.

Je dois enfin inscrire ici les noms des collectionneurs qui nous sont venus en aide.

Mesdames Azevedo, Bashkirtseff, Comtesse de Balleroy, Bournet-Aubertot, Boilly, Bourdin, Duchesse de Chartres, Charras, Chabrol, Baronne de Clamecy, Maurice Cottier, Chanzy, Chessé, Chevreux, Delaroche-Vernet, Girod, de La Haye-Jousselin, Hartmann, Karakéïha, Comtesse de Lancey, Mac-Kay, Manet, Princesse Mathilde, Moreau-Nélaton, de Neuville, Isaac Péreire, Maurice Richard, Comtesse de La Rochefoucauld, Baronnes Nathaniel, James et Gustave de Rotschild, Rothan, Rodocanachi, Rolle, Rœderer, Sabatier, Stern, Vaucorbeil, Wattel, Waltner, etc.

Messieurs Et. Arago, Aubry, F. Bischoffsheim, Barbedienne, Em. Bastien-Lepage, Blumenthal, Bonnat, Ph. Burty, Bellino, H. et L. Beraldi, Bordet, Boussod, Boucheron, F. Beer, Brooks, Cain, de Chazelles, de Chennevières, Chéramy, Choquet, Clapisson, Dr Charcot, Chaplin, Coquelin, Colonel Conolly, L. Chateau, Clairin, Duc de Conegliano, Crabbe, Davis, Comte Daupias, Donatis, Aug. et Gust. Dreyfus, Alexandre Dumas, Comte Duchatel, P. Duché, E. et V. Desfossés, Comte Doria, J. Dollfus, Dubus, Comte de Douville-Maillefeu, J. Dupré, Dubufe, Delahante, Drake del Castillo, Comte du Taillis, Duvelleroy, Edwards, J. et Ch. Ephrussi, Faure, Jules Ferry, Foucard, Feydeau, Françuis, Charles Ferry, Comte Foy, J. Flandrin, Groult, Ch. Gounod, Baron Gérard, Geoffroy-Dechaume, Philippe Gille, Comte Greffulhe, L. Goldschmidt, Dr Goujon, Arsène Houssaye, Général Hopkinson, Hayem, Hollander, Hecht, Herz, Michel Heine, Hustin, Victorien Joncières, Baron Jard-Panvillier, Judisse, Klotz, Krafft, J. de Kuyper, Comte de Lariboisière, Lenglart, Luquet, Lutz, Marcille, Marmottan, E. May, Meissonier, Meilhac, Moreau-Chaslon, Charles Narrey, Comte d'Osmoy, Otlet, Artus de La Panouse, Dr Piogey, Comte Pillet-Will, Pelpel, Péronne, Poirson,

Porto-Riche, Pradelle, Raimbeaux, Barons Alphonse et Arthur de Rothschild. Robaut. Rothan, H. et A. Rouart, Dr Ricord, Saucède, Léon Say, Henri Schneider, Stewart, Alfred Stevens, Schlumberger, Scellier, Taigny, Tabourier, Tempelaere, Tavernier, Tissandier, André Theuriet, Tillot, Duc de Vallombrosa. Van den Eynde, Van Custen, Des Vallières, Vollon, Vever, Albert Wolf, Comte de Waldner, Comte Werlé, Warnier, Young, etc.

J'ajoute à ces noms ceux de MM. Arsène Alexandre, Bonnat, Duret, Ephrussi, Féral, de Fourcaud, G. Geffroy, Guillaume, Gonse, Maurice Hamel, de Lostalot, André Michel qui, soit avec les principaux collectionneurs, soit avec les conservateurs des Musées, ont parcouru les galeries publiques et les galeries particulières et procédé au choix des œuvres.

Pour l'installation de l'Exposition le commissaire spécial a été secondé, pour la peinture par MM. Roger-Marx, inspecteur principal, Georges Petit, Détrimont, Marye, Durand, Chapuis et Mercier; pour les dessins, par M. Armand Dayot, inspecteur principal; pour la sculpture, par M. Courajod; pour l'architecture, par M. Lucien Magne ; pour la gravure, par MM. H. Beraldi et Bracquemond.

Cet état-major a été servi par une légion d'hommes expérimentés qui manœuvrent les œuvres d'art avec une connaissance qui en fait parfois de précieux collaborateurs. Il me faut mentionner particulièrement, pour la restitution par le moulage de la plupart des œuvres de la sculpture du siècle, l'habile chef de l'atelier de moulages du Trocadéro, M. Pouzadoux.

MM. Ed. Garnier, O. Monprofit, Hanotaux, Capitaine ont enfin dressé le présent catalogue qui a nécessité des soins tout particuliers.

J'adresse à tous mes collaborateurs l'expression de ma très vive gratitude.

Antonin Proust.

Exposition Universelle de 1889 à Paris.

# BEAUX-ARTS.

# EXPOSITION CENTENNALE DE L'ART FRANÇAIS

## 1789-1889.

I.

## Peinture.

**AMAURY-DUVAL (Eugène-Emmanuel)**, né à Paris, le 16 avril 1808 mort à Paris en 1885.

1. — Portrait de M. Amaury-Duval père, membre de l'Institut. (App. à M. Froment. - S. 1838).

**ANTIGNA (Jean-Pierre-Alexandre)**, né à Orléans, le 17 mars 1817, mort à Paris en 1878.

2. — Scène d'incendie. (Musée d'Orléans. - S. 1851).

**BACHELIER (Jean-Jacques)**, né à Paris en 1724, mort à Paris, le 14 avril 1806.

3. — Chat angora guettant un oiseau. (App. à M. Clapisson).

**BALLEROY (Albert de)**, né à Igé (Orne), le 15 août 1828, mort en 1873.

4. — Portrait de M. le baron d'Ivry. (App. à Mme la comtesse de Balleroy).
5. — Une chasse au sanglier, en Espagne. (S. 1864).

**BARGUE (Charles)**, né à Paris.

6. — La Sentinelle turque. (App. à M. Donatis).

**BASTIEN-LEPAGE (Jules)**, né à Damvillers (Meuse), le 1er novembre 1848, mort à Paris, le 9 décembre 1884.

7. — « Portrait de mon grand'père ». (App. à M. E. Bastien-Lepage. - S. 1874).
8. — L'Annonciation aux Bergers (second prix de Rome au concours de 1875). (App. à Mme Bashkirtseff. - S. 1875).
9. — La Communiante. (App. à M. Van Cutsen. - S. 1875).
10. — « Mes Parents ». (App. à M. E. Bastien-Lepage. - S. 1877).
11. — Les Foins. (Musée du Luxembourg. - S. 1878).
12. — Portrait de M. E. Bastien-Lepage. (App. à M. E. Bastien-Lepage. - S. 1879).
13. — Portrait de Mme Juliette Drouet. (App. à Mme Pereire. - S. 1878).
14. — Portrait de M. André Theuriet. (App. à M. A. Theuriet. - S. 1878).
15. — Portrait de Mme Sarah Bernhardt. (App. à M. Blumenthal. - S. 1879).
16. — Portrait de S. A. R. le Prince de Galles. (App. à M. E. Bastien-Lepage. - S. 1879)
17. — Première recherche pour le portrait de S. A. R. le Prince de Galles. (App. à Mme la baronne N. de Rothschild).

18. — Jeanne d'Arc écoutant les voix. (App. à M. Davis. - S 1880).
19. — Portrait de M. Albert Wolff. (App. à M. Albert Wolff. - S. 1881).
20. — Les ramasseuses de pommes de terre. (App. à M. E. Bastien-Lepage. - S. 1879).
21. — Le petit Ramoneur. (App. à M. E. Bastien-Lepage. - S. 1883).
22. — Chambre mortuaire de Gambetta. (App. à M. Antonin Proust. - S. 1883).
23. — La forge. (App. à M. Lütz. - S. 1884).
24. — Les blés mûrs. (App. à Mme Mac Kay. - E. N. 1888).
25. — Portrait de Mme K.... (App. à M. Klotz).

**BAUDRY (Paul-Jacques)**, né à La Roche-sur-Yon, le 7 novembre 1828, mort à Paris, le 17 janvier 1886.

26. — Portrait de M. le baron Jard-Panvillier ; — Rome, 1855. (App. à M. le baron Jard-Panvillier. - S. 1859).
27. — Le petit Saint-Jean. (App. à Mme la baronne Gustave de Rothschild. - S. 1861).
28. — La Vague et la Perle. (App. à M. Stewart. - S. 1863).
29. — Portrait du général Cousin Montauban, comte de Palikao. (App. au général comte de Palikao. - S. 1877).
30. — Parisina. (App. à M Stewart. - S. 1880).
31. — Portrait de « Cri-Cri ». (App. à Mme Paul Baudry. - S. 1881).
32. — Portrait de M. Henri Schneider (App. à M. Henri Schneider. - S. 1884).
33. — Portrait de Mme Louis Stern. (App. à M. Louis Stern. - S. 1884).
34. — Portrait de Mlle Juliette Dreyfus. (App. à M. Gustave Dreyfus. - S. 1885).
35. — Portrait de Paul Jurjewicz. (App. à Mme Rodocanachi. - S. 1885).
36. — Portrait de Mme B... (App. à M. B...).

**BEAUMONT (Charles-Edouard de)**, né à Lannion vers 1821, mort à Paris en 1888.

37. — La dernière chanson. (App. à M. Alexandre Dumas).

**BELLANGÉ (Hippolyte)**, né Paris le 16 février 1800, mort le 10 avril 1866.

38. — Combat d'Anderlecht ; — 13 novembre 1792. (Musée de Versailles. - S. 1835).
39. — « La Garde meurt.... » ; — 18 juin 1815. (App. à M. Eug. Bellangé. - S. 1866).
40. — Charge de cavalerie fournie par le général Kellermann, à la bataille de Marengo ; — 14 juin 1800. (Musée de Rouen. - S. 1847).

**BELLY (Léon)**, né à Saint-Omer le 10 mars 1827, mort en 1877.

41. — Fête religieuse au Caire (S. 1869). (App. à Mme Belly).
42. — La pêche des dorades (Calvados). d°
43. — Femmes fellahs au bord du Nil. d°
44. — Mare et palmiers ; — Dgiseh (E. U. 1878). d°
45. — Troupeau dans une lande. d°

**BENOUVILLE (François-Léon)**, né à Paris le 30 mars 1821, mort à Paris le 16 février 1859.

46. — Jeanne d'Arc écoutant les voix. (Musée de Reims. - S. 1859).

**BÉRAUD (Jean)**, né à St-Pétersbourg (de parents français). — ✱

47. — Le retour de l'enterrement. (App. à M. Charles Ferry. - S. 1876).

**BERCHÈRE (Narcisse)**, né à Etampes (Seine-et-Oise). — ✱.

48. — Les plaines du Delta. (App. à l'État).

**BERNE-BELLECOUR (Etienne)**, né à Boulogne-sur-Mer. — ✱.

49. — Le Coup de canon. (App. à Mme Watel. - S. 1872).

**BERNIER (Camille)**, né à Colmar. — ✱.

50. — D'Anndour-Bannalec (Finistère). (Musée d'Angers. - S. 1873).

**BERTRAND (James)**, né à Lyon en 1823, mort à Paris, le 27 septembre 1887.

51. — Mignon. (S. 1887).
52. — Sainte-Cécile. (S. 1887).
53. — Tentation.

**BIARD (Auguste-François),** né à Lyon, le 3 octobre 1798, mort en 1882.

54. — Le roi Louis-Philippe, au milieu de la garde nationale, sur la place du Carrousel, dans la nuit du 5 juin 1832. (Musée de Versailles. - S. 1837).

**BLANC (Joseph),** né à Celles (Isère). — ✱.

55. — Roger et Angélique. (App. à M. Antonin Proust).

**BOILLY (Léopold),** né à La Bassée le 5 juillet 1761, mort à Paris en 1845.

56. — Le général Lafayette, 1788-1789. (App. à M. le colonel Connolly).
57. — Portrait de Lucile Desmoulins. (App. à Mme la baronne Nathaniel de Rothschild).
58. — Portrait. (App. à M. Marmottan).
59. — Portrait de femme en robe grise. (App. à M. le Dr Piogey).
60. — Trois des enfants de l'artiste jouant « au soldat. » (App. à Mme Boilly. - S. 1804).
61. — Houdon dans son atelier. (Musée de Cherbourg. - S. 1804).
62. — La prison des Madelonnettes. (App. à M. Gillet).
63. — Les Marionnettes au Jardin Turc. (App. à Mme Devaux. - S. 1812).
64. — Le petit Marchand de journaux. (App. à M. Groult).
65. — Un coin du café Foy. (App. à M. Lutz. - S. 1824).
66. — Les petits Savoyards. d°
67. — L'Effroi. d°
68. — La Main chaude. d°

**BONHEUR (Mlle Rosa),** née à Bordeaux. — ✱.

69. — Le labourage nivernais. (Musée du Luxembourg. - S. 1849).

**BONNAT (Léon),** membre de l'Institut, né à Bayonne. — C. ✱.

70. — Pélerins aux pieds de la statue de Saint-Pierre, dans l'église Saint-Pierre, à Rome. (App. à M. Raimbeaux. - S. 1864).
71. — Saint-Vincent-de-Paul prenant la place d'un galérien. (Eglise Saint-Nicolas-des-Champs, à Paris. - S. 1866).
72. — Paysans napolitains devant le Palais Farnèse. (App. à M. Stewart. - S. 1866).
73. — Le Christ. (Palais de Justice de Paris, salle de la Cour d'assises. - S. 1874).
74. — Portrait de Mme F. B... (App. à M. F. Bischoffsheim).
75. — Portrait de Mlles D..., en turques. (App. à M. G. Dreyfus).
76. — Barbier turc. (S. 1873).

**BONVIN (François),** né à Paris le 22 novembre 1817, mort à Saint-Germain-en-Laye le 18 décembre 1887.

77. — Les Sœurs de charité. (Musée de Niort).
78. — L'Ecole des Frères (App. à M. Lutz. - S. 1874).
79. — Religieuse. (App. à M. Tempelaere).
80. — Religieuse faisant de la tapisserie. (App. à M. Chéramy).
81. — L'Alambic. (App. à M. Tabourier. - 1875).
82. — Alto et partition (1885). (App. à M. Eug. Ducasse).
83. — Les Moines au travail. (App. à M. Lutz. - S. 1872).
84. — Religieuse. (App. à M. H. Rouart).
85. — Religieuses faisant des confitures. (App. à M. Tempelaere).
86. — Cuisinière prenant son café. (App. à M. Bellino).

**BOUCHOT (François),** né à Paris le 29 novembre 1800, mort à Paris le 9 février 1842.

87. — Le dix-huit Brumaire. (Musée de Versailles. - S. 1840).

**BOUDIN (Eugène),** né à Honfleur.

88. — Panorama d Anvers en 1871 ; — vue prise de la Tête de Flandre.
89. — Les quais d'Anvers en 1871 avant l'établissement des docks. (App. à M. Ch. de Bériot).
90. — Vue du port de Brest. (App. à M. le comte de Douville-Maillefeu).

**BOUGUEREAU (William),** membre de l'Institut, né à La Rochelle. — C. ✻.

91. — Bacchante. (Musée de Bordeaux. - S. 1868).
92. — Portrait de M. A. Boucicaut. (E. U. 1878).
93. — Portrait de Mme A. Boucicaut. (S. 1876).
(App. aux magasins du Bon-Marché).
94. — La Jeunesse et l'Amour. (App. à Mme Aclocque. - S. 1877).

**BOULANGER (Clément),** né à Paris en 1805, mort à Magnésie (Asie-Mineure) le 28 septembre 1842.

95. — La procession de la Gargouille. (Musée de Toulouse. - S. 1837).

**BRASCASSAT (Jacques-Raymond),** né à Bordeaux le 30 avril 1834, mort à Paris le 28 février 1867.

96. — Fieschi. (App. à M. Krafft).
97. — Animaux au repos dans un pâturage. d°
98. — Jenne romaine. d°

**BRETON (Jules),** membre de l'Institut, né à Courrières (Pas-de-Calais). — O. ✻.

99. — Plantation d'un calvaire. (Musée de Lille. - S. 1859).
100. — Les sarcleuses. (App. à M. le comte Duchatel. - S. 1861).
101. — La Souchée.
102. — Une bretonne ; — étude.
103. — Etude pour « le Pardon. » (App. à M. Jules Breton).

**BRION (Gustave),** né à Rothau (Vosges), le 24 octobre 1824, mort en 1878.

104. — Les pélerins de Sainte-Odile (Alsace). (Musée du Louvre. - S. 1863).

**BROWN (John-Lewis),** né à Bordeaux. — ✻.

105. — Episode de la vie du Maréchal de Conflans. (Musée de Tours. - S. 1861).
106. — Intérieur d'écurie. (App. à Mme Franck).

**BRUANDET (Lazare),** né à Paris le 3 juillet 1755, mort à Paris le 26 mars 1803.

107. — Paysage. (App. à M. Gigoux).
108. — Paysage. (App. à M. Marquiset).

**BUSSON (Charles),** né à Montoire (Loir-et-Cher). — O. ✻.

109. — Après la pluie. (App. à M. le comte d'Osmoy. - S. 1875).

**BUTIN (Ulysse),** né à St-Quentin en 1837 mort, en 1883.

110. — La Pêche. (App. à M. Ch. Ferry. - S. 1877).

**CABANEL (Alexandre),** né à Montpellier le 28 novembre 1824, mort à Paris en 1889.

111. — Portrait de Mme la duchesse de Luynes.
112. — Portrait de M. Armand.
113. — Portrait de Mme la duchesse de Vallombrosa. (App. à M. le duc de Vallombrosa).

**CABAT (Louis),** membre de l'Institut, né à Paris. — O. ✻.

114. — Le Jardin Beaujon. (App. à M. Barbedienne. - S. 1834).
115. — Le buisson. (App. à Mme Cottier. - S. 1835).

**CALS (Adolphe-Félix),** né à Paris en 1810, mort en 1881.

116. — La Veillée. (App. à M. le comte Doria. - S. 1844).
117. — La Fileuse. (App. à M. H. Rouart. - S. 1860).

**CAPET (Marie-Gabrielle),** née à Lyon le 6 septembre 1761, morte à Paris, le 1er novembre 1818.

118. — Portrait de femme. (App. à M. le docteur Piogey).

**CAROLUS-DURAN (Charles-Auguste-Émile),** né à Lille. — O. ✵.

119. — Portrait de Mme F... (Musée de Lille - S. 1869).
120. — Fin d'été.

**CAZIN (Jean-Charles),** né à Samer (Pas-de-Calais). — ✵.

121. — Madeleine. (App. à M. H. Adam).
122. — La Fuite en Egypte. (App. à M. Lerolle. - S. 1877).
123. — Nativité. (App. à M. Cazin).

**CÉZANNE,** né à Paris.

124. — La maison du pendu. (App. à M. Choquet).

**CHAMPMARTIN (Charles-Emile CALLANDE de),** né à Bourges le 2 mars 1797, mort à La Neuville en 1883.

125. — Portrait de Mme de Mirbel. (Musée de Versailles).
126. — Portrait d'Eugène Delacroix, (App. à M. Moreau-Chaslon. - S. 1840).

**CHABAL-DUSSURGEY (Pierre-Adrien),** né à Charlieu (Loire), ✵.

127. — Le Printemps. (S. 1863).

**CHAPLIN (Charles),** né aux Andelys (Eure), de parents anglais, naturalisé français. — O. ✵.

128. — Portrait de Mme la Comtesse A. de la R...
(App. à Mme la Comtesse de la Rochefoucauld).
129. — Portrait de Mme la Comtesse F... (App, à M. le baron Gérard).

**CHARLET (Nicolas-Toussaint),** né à Paris le 20 décembre 1792, mort à Paris le 19 décembre 1845.

130. — Épisode de la retraite de Russie. (Musée de Lyon. - S. 1836).
131. — Général républicain passant au galop à la tête de ses troupes.
(App. à Mme Moreau-Nelaton).
132. — Waterloo ; — marche de l'armée française après l'affaire des Quatre-Bras.
(App. à M. Aug. Cain).
133. — Le premier coup de feu. (App. à M. Geoffroy Dechaume).

**CHASSÉRIAU (Théodore),** né à Sainte-Barbe-de-Samana (Amérique espagnole), de parents français le 20 septenbre 1819, mort à Paris, le 8 octobre 1856

134. — Défense des Gaules par Vercingétorix. (Musée de Clermont-Ferrand - S. 1855).
135. — Cavaliers arabes enlevant leurs morts après une affaire contre des spahis.
(App. à Mme I. Pereire. - S. 1851).

**CHENAVARD (Paul),** né à Lyon. — O. ✵.

136. — Séance de nuit de la Convention nationale ; — 20 Janvier 1793. (Musée de Lyon).

**CHINTREUIL (Antoine),** né à Pont-de-Vaux (Ain), le 15 mai 1816, mort à Septeuil (Seine-et-Oise), le 13 août 1873.

137. — Paysage. (App. à Mme Charras).
138. — La pluie. (S. 1868. - (App. à M. Grimaldi).
139. — Effet de soleil à travers le brouillard. (App. à Mme Esnault-Pelletrie).
140. — La mer au soleil couchant. (App. à M. A Desbrochers).

**COGNIET (Léon),** né à Paris le 29 août 1794, mort le 20 novembre 1880.

141. — La Garde nationale de Paris part pour l'armée ; — septembre 1792.
(Musée de Versailles. - S. 1836).
142. — Le Tintoret peignant sa fille morte (Musée de Bordeaux. - S. 1843).
143. — Saint-Etienne portant des secours à une famille pauvre.
(Eglise Saint-Nicolas-des-Champs - S. 1827.).
144. — Portrait de Mme veuve Clicquot, née Ponsardin.
(App. à M. le comte Werlé). - S. 1861).

**COLIN (Gustave-Henri),** né à Arras.

145. — La sortie de l'église, à Ciboure. (App. à M. Mignon).
146. — La chasse de Diane. d°
147. — Le chemin montant de Bordagani. (App. à M. H. Rouart).

**COROT (Jean-Baptiste-Camille),** né à Paris le 20 juillet 1796, mort à Paris le 22 février 1875.

148. — Etude de chênes à Fontainebleau (1830). (App. à M. Français).
149. — La Femme à la perle. (App. à M. Chéramy).
150. — Joueuse de mandoline. (App. à M. J. Dollfus).
151. — Paysage ; — le bac. (App. à M. Otlet).
152. — Paysage ; — gardeuse de vaches. (App. à M. Otlet).
153. — Ronde de Nymphes. (App. à M. Barbedienne).
154. — Paysage ; — vue de Mantes. (App. à M. Warnier).
155. — Vue de La Rochelle. (App. à M. Rohaut. - S. 1852).
156. — Vue du pont et du château Saint-Ange. (App. à M. Tillot).
157. — Intérieur de cuisine à Mantes ; — étude. (App. à M. Chéramy).
158. — Terrrasse du palais Doria à Gênes ; — étude (App. à M. Chéramy).
159. — Jeune fille en promenade. (App. à M. Lutz).
160. — Ile San Bartolomeo. (App. à M. H. Rouart).
161. — La Pastorale. (App à M. Forbes-White).
162. — Chemin creux avec un cavalier. (App. à M. Barbedienne).
163. — L'Atelier. (App. à M. Bernheim).
164. — La Charrette. (App. à M. Tavernier).
165. — Chemin montant. (App. à M. Otlet).
166. — Genzano, près de lac Nemi. (App. à M. Chéramy).
167. — Le Concert, 1857. (App. à M. Jules Dupré).
168. — Paysage avec figures, 1871. (App. à M. Bellino).
169. — La Sablière. (App. à M. Jules Ferry).
170. — Plage au Tréport. (App. à M. le comte Doria).
171. — Ville et lac de Côme. d°
172. — Eurydice blessée. d°
173. — La Forêt de Fontainebleau. (App. à M. Binant. - S. 1833).
174. — Le Bain de Diane. (Musée de Bordeaux. - S. 1846).
175. — Femme assise. (App. à M. Rouart).
176. — Le Passage du gué. (App. à M. H. Vever).
177. — L'Etang. (App. à M. Van den Eynde).
178. — La Toilette. (E. U. 1867. - App. à M. V. Desfossés).
179. — Paysage. (App. à Mme Charras).
180. — Le Lac ; — Italie. (App. à M. Warnier).
181. — Le Lac de Garde. (App. à M. Lutz).
182. — Paysage d'Artois. (App. à M. Tabourier).
183. — Le Matin. (App. à M Crabbe).
184. — Le Soir. d°
185. — Danse de Nymphes. (App. à M. Otlet. - S. 1861).
186. — Nymphes et Faunes. (App. à M. Otlet. - S. 1869).
187. — Les Baigneuses. (App. à M. Otlet).
188. — Vue du Colisée. (App. à M. le comte Doria).
189. — Vue de Naples ; — femme assise. (App. à M. H. Rouart)
190. — Biblis. (App. à M. Otlet).
191. — Femme en rouge, jouant de la guitare. (App. à M. V. Desfossés).

**COT (Pierre-Auguste),** né à Bédarieux (Hérault) le 17 février 1838, mort à Paris en août 1883.

192. — Portrait de Mme Vaucorbeil. (App. à Mme Vaucorbeil. - S. 1883).
193. — Portrait d'enfant (1881).
194. — Portrait de Mme B... (1883).
195. — Portrait (1879).
196. — Jeune fille en bleu (1882).
197. — Portrait de N... (1881).
198. — Portrait de Mme *** (1881).

**OUDER (Louis-Charles-Auguste),** né à Paris le 1er avril 1793, mort en février 1879.

99. — Bataille de Lawfeld ; — 2 juillet 1847. (Musée de Versailles. – S. 1836.)

**OURBET (Gustave),** né à Ornans (Doubs) le 10 juin 1819, mort en Suisse en décembre 1877.

200. — La Fileuse endormie (Musée de Montpellier. – S. 1853).
201. — Les Casseurs de pierres. (App. à M. Binant. – S. 1851).
202. — Les Bords de la Loue. (S. 1848).
203. — Le Château d'Ornans. (App. à M. Pierre Duché. – S. 1855).
204. — Portrait de Berlioz. (App. à M. Hecht).
205. — La Vague (1870). (App. à M. Otlet).
206. — Marée montante. (App. à M. Lutz).
207. — Les Demoiselles des bords de la Seine. (App. à M. Etienne Baudry. – S. 1848).
208. — Les Braconniers (App. à M. Aug. Dreyfus).
209. — Biche forcée sur la neige, 1867. (App. à le comte de Douville-Maillefeu. – S. 1867).
210. — La Femme au perroquet. (App. à M. Jules Bordet, chez M. Haro. – S. 1866).
211. — Le Réveil. (App. à M. Detrimont).

**OUTURE (Thomas),** né à Senlis (Oise) le 21 décembre 1815, mort à Senlis, le 31 mars 1879.

212. — La soif de l'Or. (Musée de Toulouse. – S. 1844).
213. — Les Romains de la décadence. (Musée du Louvre. – S. 1847).
214. — Portrait du docteur Ricord. (App. à M. le docteur Ricord).

**URZON (Paul-Alfred de),** né à Poitiers. — ✲.

215. — Le Temple de Jupiter, près d'Athènes. (Musée de Compiègne. – S. 1876).
216. — « Ecco fiori ! » (M. I. P. et B. A. – S. 1861).

**AUBIGNY (Charles-Francois),** né à Paris le 15 février 1817, mort le 2 évrier 1878.

217. — Ecluse dans la vallée d'Optevoz. (Musée de Rouen. – S. 1855).
218. — Les Graves au bord de la mer, à Villerville. (Musée de Marseille. – S. 1859).
219. — Bords de l'Oise. (Musée de Bordeaux. – S. 1859).
220. — Bords de la Cure ; — Morvan. (App. à M. Young. – S. 1864).
221. — Bords de l'Oise. (App. à M. V. Desfossés).
222. — Marine. (App. à M. Donatis).
223. — Solitude. (App. à M. Raimbeaux).
224. — Bords de l'Oise. (App. à M. H. Vever. – S. 1861).
225. — Paysage. (App. à M. Tavernier).
226. — Marine. (App. à M. Van den Eynde).
227. — Bords de l'Oise. (App. à M. V. Desfosses).

**AUBIGNY (Charles-Pierre, dit Karl),** né à Paris le 9 juin 1846, mort en 1886.

228. — Les environs de la ferme Saint-Siméon. (M. I. P. et B. A. – S. 1879).

**AUMIER (Honoré),** né à Marseille le 26 février 1808, mort à Valmondois, le 11 février 1879.

229. — L'Amateur d'estampes. (App. à M. le comte Doria).
230. — Le wagon de 3e classe. (App. à M. le comte Doria).
231. — Le liseur. (App. à M. H. Rouart).
232. — Sancho et don Quichotte. (App. à M. Aubry).
233. — Les Avocats. (App. à M. H. Rouart).

**AVID (Jacques-Louis),** né à Paris le 30 août 1748, mort à Bruxelles le 29 décembre 1825.

234. — Portrait de Lavoisier et de sa femme. (App. à M. Etienne de Chazelles).
235. — Portrait de l'artiste (App. à M. Victorien Joncières).
236. — Portrait de Mme Récamier. (Musée du Louvre).
237. — Sacre de l'Empereur Napoléon Ier et couronnement de l'impératrice Joséphine, dans l'église Notre-Dame-de-Paris (2 décembre 1804). (Musée de Versailles. – S. 1808).
238. — Michel Gérard, membre de l'Assemblée Nationale et sa famille. (Musée du Mans).

239. — Barrère (1790) ; — étude pour le « Serment du Jeu de Paume ». (Musée de Versailles).
240. — Jean Debry. (App. à M. Raimbeaux).
241. — Portrait d'une dame âgée. (App. à M. le docteur Piogey).
242. — Portraits de Mme Bataillard et de ses deux filles. (App. à Mme Girod).

**DECAMPS (Alexandre-Gabriel),** né à Paris le 3 mars 1803, mort à Fontainebleau le 22 août 1860.

243. — Bûcheronne portant un fagot. (App. à M. Hollander).
244. — Une cour de ferme. (App. à M. Blumenthal).
245. — Le Garde-chasse. (App. à M. Boucheron).
246. — Job et ses amis. (App. à M. Van den Eynde).
247. — Samson combattant les Philistins. (App. à M. Bischoffsheim).
248. — Berger italien et son chien dans une cuisine (1850). (App. à M. Herz).
249. — La Sortie de l'école turque. (App. à Mme Moreau-Nélaton)

**DELACROIX (Eugène),** né à Charenton-St-Maurice (Seine) le 26 avril 1798, mort le 13 août 1863.

250. — Bataille de Taillebourg ; — 21 juin 1242. (Musée de Versailles. - S. 1837).
251. — Medée. (App. à Mme Maurice Richard).
252. — Mirabeau et M. de Dreux-Brézé (1831). (App. à Mme Bouruet-Aubertot).
253. — Côtes du Maroc (1858). (App. à M. Fanien).
254. — Chasse au tigre. (App. à M. Prosper Crabbe).
255. — Lion dévorant un arabe. (App. à M. Lutz).
256. — Aveugle mendiant ; — étude. (App. à M. Bischoffsheim).
257. — Mort de Sardanapale ; — réduction du tableau exposé en 1844. (App. à M. Bellino).
258. — Le 28 juillet 1830 ; — la Liberté guidant le peuple. (Musée du Louvre. - S. 1831).
259. — La leçon d'Achille (1867). (App. à M. Herz).
260. — Boissy d'Anglas à la Convention Nationale (1831). (Musée de Bordeaux).
261. — Les Convulsionnaires de Tanger (1830). (App. à M. Van den Eynde).
262. — La Fiancée d'Abydos. (App. à M. Hurel).
263. — Lady Macbeth. (App. à M. Tabourier. - S. 1850).
264. — Hamlet tue Polonius. (App. à M. Chéramy).
265. — Guillaume de la Marck, surnommé le Sanglier des Ardennes, fait égorger l'Evêque de Liège dans son château. (App. à M. Binant).
266. — Esquisse du tableau « Attila envahissant l'Italie ». (App. à M. Chéramy).
267. — Tigre assis. (App. à M. Bellino).
268. — Le Christ endormi pendant la tempête. (App. à M. Barbedienne. - S. 1855).
269. — Le roi Jean à la bataille de Poitiers ; — esquisse du tableau exposé en 1841. (App. à M. Tabourier).
270. — Lelia devant le cadavre de son amant. (App. à M. Hayem).

**DELAROCHE (Hippolyte, dit Paul),** né à Paris le 11 juillet 1797, mort à Paris le 4 novembre 1856.

271. — Cromwell ouvrant le cercueil de Charles I. (Musée de Nîmes).

**DELAUNAY (Jules-Elie),** membre de l'Institut, né à Nantes. — O. ✱.

272. — Portrait de Mme S... (App. à Mme S... - E. U. S. 1878).
273. — Portrait de Mme D... (App. à M. D... - S. 1866).
274. — Portrait de M. Guieux. (App. à Mme Chessé).
275. — Trois portraits d'enfants. (App. à Mme Chabrol).
276. — Portrait de M. B... (App. à Mme B...).
277. — Ixion. (Musée de Nantes. - S. 1876).
278. — Mort du Centaure Nessus. (Musée de Nantes. - S. 1870).
279. — David vainqueur. (Musée de Nantes. - S. 1874).
280. — Portrait de Mlle L... (App. à Mlle L...).

**DEMARNE (Jean-Louis),** né le 7 mars 1744, mort le 24 mars 1829.

281. — Goûter de faneurs dans une prairie. (Musée de Cherbourg. - S. 1814)

**DEROY (Émile),** né à Paris, mort vers 1848.

282. — Portrait de Baudelaire (1844). (App. à M. le Dr Piogey. - S. 1844).

**DESBOUTIN (Marcellin-Gilbert),** né à Cérilly (Allier).

283. — Portrait de Léon Leclaire.

**DESGOFFE (Blaise),** né à Paris. — ✻.

284. — Flambeau de cristal de roche, enrichi d'or, de perles et de rubis. (App. à M. le Dr R. Moutard-Martin).

**DESGOFFE (Alexandre),** né à Paris, le 2 mars 1805, mort en 1882.

285. — Souvenir de la vallée de Montmorency. (App. à M. Joseph Flandrin).
286. — Les gorges d'Apremont ; — forêt de Fontainebleau. do

**DETAILLE (Edouard-Jean-Baptiste),** né à Paris. — O. ✻.

287. — Le Parlementaire. (App. à M. Jean de Kuijper).
288. — L'Alerte (App. à M. le vicomte Artus de la Panouse).
289. — En Reconnaissance. (App. à M. le comte Daupias - S. 1876).
290. — Le Régiment qui passe. (App. à la « Corcoran-Gallery » - S. 1875).

**DEVÉRIA (Eugène-François-Marie-Joseph),** né à Paris, le 22 avril 1835, mort à Pau, le 3 février 1865.

291. — La Naissance de Henri IV ; — esquisse du tableau exposé au salon de 1827, aujourd'hui au Louvre. (Musée de Montpellier)
292. — Episode du bal du Palais-Royal ; — esquisse. (App. à M. H. Rouart).

**DIAZ de la PEÑA (Narcisse-Virgile),** né à Bordeaux le 21 août 1808, mort à Menton le 18 novembre 1876.

293. — Causerie d'amour. (App. à Mme Waltner).
294. — Meute dans la forêt de Fontainebleau. (App. à M. Prosper Crabbe, - S. 1848).
295. — Chiens dans une forêt ; — 1847. (App. à M. Van den Eynde).
296. — L'Orage. (App. à M. Donatis).
297. — Route en forêt. (App. à Mme la Baronne Nathaniel de Rothschild).
298. — Nymphe et Amours. (App. à M. Bellino).
299. — Soleil couchant. (App à M. F. Bischoffsheim).
300. — Forêt de Fontainebleau. (App. à M. Bellino).
301. — Portrait de Mme Arsène Houssaye. (App. à M. Arsène Houssaye).
302. — Le parc aux bœufs. (App. à M. Boucheron).

**DIDIER (Jules),** né à Paris.

303. — Troupeau de bœuf romains. (Musée de Valenciennes. - S. 1876).

**DRÖLLING (Michel-Martin),** né à Ober-Hergheim en 1752, mort à Paris le 16 avril 1827.

304. — Portrait de Baptiste aîné. (App. à la Comédie Française).
305. — Portrait de M. Belot. (Musée d'Orléans).
306. — Portrait de Mme Vincent. (App. à M. G. Dubufe).

**DUBOIS (Paul),** membre de l'Institut, né à Nogent-sur-Seine. — C. ✻.

307. — Portrait de mes enfants. (S. 1876).
308. — Portrait de Mme A. D.... (App. à M. Auguste Dreyfus).
309. — Portrait de Mme C. J....
310. — Portrait de Mlle P. M.... (S. 1877).

**DUBUFE Claude-Marie),** né à Paris en 1790, mort à La Celle-St-Cloud le 23 avril 1864.

311. — Portrait de l'artiste. (App. à M. G. Dubufe).
312. — Portrait de Mme Dubufe. do
313. — Une famille en 1820. do
314. — Portrait de M. Dubufe, maître de pension en 1829. do
315. — Portrait de Mme Dubufe, femme du précédent. do

**DUBUFE (Edouard),** né à Paris en 1819, mort en 1883.

316. — Portrait de M. Charles Gounod. (App. à M. Ch. Gounod).
317. — Portrait de Mme H. C...
318. — Portrait de Philippe Rousseau. (App. à M. G. Dubufe. - S. 1876).

**DUEZ (Ernest-Ange),** né à Paris. — ✡.

319. — Splendeur. (App. à M. *** - S. 1874).
320. — Les Pivoines. (App. à M. A. Dreyfus. - S. 1876).

**DUPRÉ (Jules),** né à Nantes. O. — ✡.

321. — Mendiante. (App. à M. Scellier).
322. — Vue prise dans les pacages du Limousin. (App. à M. Bischoffsheim. - S. 1835).
323. — Environs de Southampton. (App. à M. J. Beer. - S. 1835).
324. — Coucher de soleil. (App. à M. Barbedienne).
325. — L'Ecurie. (App. à M. Feydeau).
326. — Les Landes. (App. à M. Herz).
327. — La Saulaie. (App. à M. Lutz).
328. — Marine. (App. à M. le baron H. de Rothschild).
329. — Allée d'arbres dans le parc de Stors. (App. à Mme Chevreux).
330. — Orage en mer. (App. à M. Scellier).
331. — Barques échouées ; — clair de lune. (App. à M. le Général Hopkinson).
332. — Mare dans la forêt de Compiègne ; — soleil couchant. (App. à Mme la baronne N. de Rothschild).

**DUTILLEUX (Henri-Joseph-Constant),** né à Douai, le 5 août 1807, mort le 21 octobre 1865.

333. — Jeune garçon. (App. à M. Robaut. - S. 1861).
334. — Vue prise dans les dunes, près de Dunkerque. (App. à M. Chéramy. - S. 1861).

**EHRMANN (François),** né à Strasbourg. — ✡.

335. — La Fontaine de Jouvence. (S. 1873).

**FALGUIÈRE (Alexandre).** Membre de l'Institut, né à Toulouse. — O. ✡.

336. — Lutteurs. (App. à M. Pelpel. - S. 1875).

**FANTIN-LATOUR (Henri),** né à Grenoble. — ✡.

337. — Hommage à Delacroix. (App. à M. Fantin-Latour. S. 1864).
338. — Portrait de M. et Mme Edwin Edwards. (App. à M. E. Edwards. - S. 1875).
339. — Portrait de Manet. (App. à Mme Manet. - S. 1867).
340. — La Lecture. (S. 1870).

**FLANDRIN (Jean-Hippolyte),** né à Lyon le 24 mars 1809, mort à Rome le 21 mars 1864.

341. — Portrait de Mme de la H... J.... (App. à Mme de la Haye Jousselin).
342. — Le Dante aux Enfers ; — 1835. (Musée de Lyon).
343. — Jésus-Christ bénissant les petits enfants. (Musée de Lisieux. - S. 1839).

**FLERS (Camille),** né à Paris le 15 février 1802, mort à Aunet (Seine-et-Marne), le 27 juin 1868.

344. — Bords de l'Allier. (App. à M. Sayvé).

**FRAGONARD (Jean-Honoré),** né à Grasse (Alpes-Maritimes) en 1732, mort à Paris le 22 août 1806.

345. — Le Pacha. (App. à M. le Dr Charcot).
346. — Les Guignols. (App. à M. Léopold Goldschmidt).
347. — Portrait de l'artiste. (App. à Mme Charras).

**FRANÇAIS (François-Louis),** né à Plombières. — O. ✡.

348. — Une belle journée d'hiver ; — vallée de Munster. (App. à M. Schlumberger - S. 1857).
349. — Vue prise à Bougival. (App. à M. Alfred Hartmann. - S. 1845).

350. — Un Bois sacré. (Musée de Lille. - S. 1864).
351. — Les nouvelles fouilles à Pompéï. (App. à M. Delahante. - S. 1865)

**FRANÇAIS (François-Louis), et MEISSONIER (Jean-Louis-Ernest).**

352. — Le grand Jet ; — parc de Saint-Cloud. (App. à Mme Cottier. - S. 1846).

**FROMENTIN (Eugène),** né à La Rochelle en décembre 1820, mort à St-Maurice près La Rochelle le 25 août 1876.

353. — Audience chez un Kalife. (App. à M. Van den Eynde. - S. 1859).
354. — Les Arabes à l'abreuvoir. (App. à M. Boucheron).
355. — Berger arabe. (App. à M. de Pierre Duché).
356. — Arabes chassant au faucon. (Musée de Reims. - S. 1857).
357. — Famille arabe en voyage. (App. à M. Jules Beer).
358. — Fantasia. (App. à M. Defoer. - S. 1869).

**GAILLARD (Claude-Ferdinand),** né à Paris le 7 janvier 1834, mort à Paris le 19 janvier 1887.

359. — L'homme à la guitare. (App. à M. G.).
360. — Tête de jeune fille. (App. à Mlle *** - S. 1865).
361. — Portrait de l'abbé Rogerson. (App. à M. Judisse. - S. 1869).

**GARBET (Félix-Émile),** né vers 1800, mort vers 1845.

362. — La Foire de Saint-Germain. (App. à M. le baron Gœthals. - S. 1837).

**GÉRARD (Mlle Marguerite),** née à Grasse en 1762, morte en 1830.

363. — Le Triomphe de Raton. (App. à M. Lenglart).

**GÉRARD (baron François-Pascal-Simon),** né à Rome le 4 mai 1770, mort à Paris le 11 janvier 1837.

364. — Jean-Baptiste Isabey et sa fille (1796). (Musée de Versailles).
365. — Le comte et la comtesse de Frise avec leurs enfants (1804). d°
366. — Lannes (Jean), duc de Montebello, maréchal de France (1810). d°
367. — La duchesse de Bassano (1812). d°
368. — Egerton (Francis-Henri), comte de Bridgervater (1822). d°
369. — La maréchale Lannes et ses cinq enfants (1818). d°
370. — Mme Récamier (1805). d°
371. — La comtesse Zamoïska et ses deux enfants (1805). d°
372. — Talleyrand-Périgord (Charles-Maurice duc de), prince de Bénévent (1807). d°
373. — Mme Visconti (1810). d°
374. — Portrait de Mme Récamier. (App. à la ville de Paris).
375. — L'enseigne du « Cheval blanc ». (App. à M. Péronne).

**GÉRICAULT (Jean-Louis-André-Théodore),** né à Rouen le 26 septembre 1791, mort à Paris le 18 janvier 1824.

376. — Portrait de l'artiste. (App. à M. Vollon).
377. — Officier de Chasseurs à cheval de la garde impériale chargeant ; — portrait de M. Dieudonné. (Musée du Louvre. S. 1812 et 1814).
378. — Tête de Chasseur à cheval. (App. à M. Marquiset).
379. — Une Charge d'artillerie. (App. à M. Prosper Crabbe).
380. — Les Croupes. (App. à M. F. Bischoffsheim).
381. — Tête de dogue. (App. à Mme Cottier).
382. — Le Trompette. (App. à M. Lutz).
383. — Etude. (Musée de Montpellier).

**GERVEX (Henri),** né à Paris. — ✡.

384. — La Communion à l'église de la Trinité. (Musée de Dijon. - S. 1877).

**GIGOUX (Jean-François),** né à Besançon. — O. ✡.

385. — Les derniers moments de Léonard de Vinci. (Musée de Besançon. - S. 1835).
386. — Portrait du lieutenant-général Joseph Dwernicki. (S. 1833).
387. — Le Forgeron. (App. à M. Gigoux).

**GIRAUD (Pierre-François-Eugène)**, né à Paris le 9 août 1806, mort à Paris en 1887.

388. — Le Voyage en Espagne. (App. à M. Alexandre Dumas).

**GIRODET (Anne-Louis de ROUCY-TRIOSON**, né en 1767, mort à Paris le 9 décembre 1824.

389. — Portrait de Benjamin Thomson, comte de Rumford. (App. à M. Etienne de Chazelles).
390. — Portrait de M. Bourgeon. (App. à Mlle Marie Rothan).

**GLAIZE (Pierre-Paul-Léon)**, né à Paris. — ✱.

391. — « Lucia l'italienne ». (S. 1874).

**GOENEUTTE (Norbert)**, né à Paris.

392. — L'Appel des balayeurs. (S. 1877).

**GOSSELIN (Charles)**, né à Paris. — ✱.

393. — Forêt de l'Isle-Adam. (App. à M. Gignoux. - S. 1877).

**GRANET (François-Marius)**, né à Aix (Bouches-du-Rhône) le 17 décembre 1775, mort à Aix le 21 novembre 1849.

394. — Chapelle dans un couvent. (Musée de Lyon).

**GROS (baron Antoine-Jean)**, né à Paris le 16 mars 1771, mort à Ville-d'Avray le 16 juin 1835.

395. — Portrait de l'auteur à vingt ans. (Musée de Toulouse).
396. — Le Général comte Fournier-Sarlovèze. (Musée de Versailles. - S. 1812).
397. — Le général Bonaparte à cheval. (App. à M. le Comte du Taillis).
398. — Louis XVIII quitte le palais des Tuileries, dans la nuit du 20 mars 1815. (Musée de Versailles. - S. 1817).
399. — Portrait du modèle Dubosc. (App. à M. Hustin).
400. — Jeune femme et son enfant. (App. à M. Foucart).

**GREUZE (Jean-Baptiste)**, né à Tournus le 21 août 1725, mort à Paris le 21 mars 1805.

401. — Portrait de Dumouriez, (App. à M. Pradelle).

**GUILLAUMET (Gustave-Achille)**, né à Paris le 26 mars 1840, mort à Paris, le 14 mars 1887.

402. — La Séguia, près de Biskra (Algérie). (S. 1885).
403. — Les Fileuses de laine à Bou-Sâada (Algérie). (App. à M. le Baron Alphonse de Rothschild. - S. 1885).
404. — Intérieur arabe à Bou-Sâada. (S. 1887.)
405. — Tisseuses Kabyles.

**HAMON (Jean-Louis)**, né à Plouah (Côtes-du-Nord) le 5 mai 1821, mort en 1874.

406. — Idylle ; — « ma sœur n'y est pas » (App. à M. Raimbeaux. - S. 1853).
407. — Les Muses à Pompéi. (App. à M. Delahante. - S. 1866).

**HANOTEAU (Hector)**, né à Decize (Nièvre). — ✱.

408. — Le Paradis des oies. (Musée de Marseille. - S. 1864).

**HARPIGNIES (Henri)**, né à Valenciennes. — O. ✱.

409. — Les chênes de Château-Renard (Allier). (Musée d'Orléans. - S. 1875).
410. — Vallée de l'Aumance. (Musée de Valenciennes. - S. 1874).
411. — Effet d'automne. (Musée de Caen).

**HÉBERT (Auguste-Antoine-Ernest)**, membre de l'Institut, né à Grenoble. — C. ✱.

412. — Le Matin et le Soir de la vie. (App. à M. Mellor. - S. 1870).
413. — La Vierge de la Délivrance.

**HEILBUTH (Ferdinand),** né à Hambourg, naturalisé français. — O. ✠.

414. — Promenade des Cardinaux sur le Monte-Pincio, à Rome. (S. 1863).
415. — Cardinal romain montant dans son carrosse, devant l'église St-Jean de Latran. (S. 1865).

**HEIM (François-Joseph),** né à Belfort le 15 janvier 1787, mort à Paris le 30 septembre 1865.

416. — La Chambre des Députés présente au duc d'Orléans l'acte qui l'appelle au trône et la Charte de 1830 (7 août 1830). (Musée de Versailles. - S. 1834).
417. — La Chambre des Pairs, présente au duc d'Orléans une déclaration semblable à celle de la Chambre des Députés (7 août 1830). (Musée de Versailles)
418. — Andrieux faisant une lecture à la Comédie Française. (Musée de Versailles. — S. 1847).

**HENNER (Jean-Jacques),** membre de l'Institut, ne à Bernwiller. — O. ✠.

419. — Portrait de M. Joyan. (App. à M. Amédée Joyan. - S. 1863),
420. — Biblis changée en source. (Musée de Dijon. - S. 1867).
421. — Mme Karakéhia. (App. à Mme Karakehia. - S. 1876).
422. — Le général Chanzy. (App. à Mme Chanzy. - S. 1873).

**HÉREAU (Jules),** né à Paris en 1839, mort en juin en 1879.

423. — Une batterie pendant le siège. (App. M. Antonin Proust).

**HERPIN (Léon),** né à Granville, le 12 octobre 1841, mort à Paris en octobre 1880.

424. — Les marais salants au Pouliguen. (App. à M. Louis Château. - S. 1877)
425. — Paysage.

**HERSENT (Louis),** né à Paris le 10 mars 1777, mort à Paris, le 20 octobre 1860.

426. — Portrait de l'artiste. (App. à M. Bayvet).
427. — La duchesse d'Orléans, depuis reine Marie-Amélie, et les ducs de Nemours et d'Aumale. (App. à l'Etat).

**HIRSCH (Alphonse),** né à Paris le 2 mai 1843, mort en 1884.

428. — Portrait de M. Eugène Manuel.

**HUET (Paul),** né à Paris, le 3 octobre 1803, mort à Paris, le 9 janvier 1869.

429. — Vue générale de Rouen. (Musée de Rouen. - S. 1833).
430. — Vue de la campagne de Naples. (Musée de Bourges).
431. — Palais des Papes, à Avignon. (Musée d'Avignon. - S. 1843).
432. — Marais en Picardie. (S. 1855).
433. — Vallée de Gelos (Tarn).
434. — Chasse au renard près Fontainebleau.
435. — Effet de pluie à Bellevue. (App. à M. Réné Paul Huet).

**INCONNU.**

436. — Portrait de Mlle Duthé. (App. à M. le Dr Piogey).
437. — Portrait de Mme Desvaisnès. do
438. — Portrait. do

**INGRES (Jean-Auguste-Dominique),** né à Montauban le 29 août 1780, mort à Paris en 1867.

439. — Jupiter et Thétis. (Envoi de Rome. - Musée d'Aix).
440. — Napoléon Ier sur son trône. (App. à l'Etat. — S. 1806).
441. — St-Symphorien. (Cathédrale d'Autun. - S. 1827).
442. — La belle Zélie (1806). (Musée de Rouen).
443. — L'Iliade.
444. — L'Odyssée. (App. à Mme Bouruet-Aubertot).
445. — Portrait de M. Bartolini. (App. à M. Drake del Castillo).

**ISABEY (Eugène),** né à Paris, le 22 juillet 1804, mort en 1886.

446. — Le port de Boulogne ; — vue prise de la mer. (Musée de Toulouse. - S. 1843)
447. — La Pêche royale. (App. à MM. Arnold et Tripp).
448. — Chez l'armurier. (App. à M. Lutz).

449. — Episode du mariage de Henri IV. (App. à Mme Azevedo). - S. 1854).
450. — La Peste de Marseille. (App. à M. Bellino).

**JACQUE (Charles-Émile),** né à Paris. — ✻.

451. — Une Pastorale. (S. 1865).
452. — Chevaux de halage.

**JACQUET (Gustave),** né à Paris. — ✻.

453. — Portrait. (App. à Mme Franck).

**JADIN (Louis-Godefroy),** né à Paris, le 30 juin 1805, mort en 1882.

454. — La Retraite prise. (S. 1853).

**JEANRON (Philippe Auguste),** né à Boulogne-sur-Mer le 10 mai 1810, mort à Paris en 1877.

455. — Portrait d'homme.

**LA BERGE (Charles-Auguste de),** né à Paris le 17 mai 1805, mort à Paris, le le 25 janvier 1842.

456. — Paysage. (App. à M. Gigoux).

**LAMBERT (Louis-Eugène),** né à Paris. — ✻.

457. — La Rôtissoire. (App. à M. le baron Arthur de Rothschild).

**LAMI (Eugène-Louis),** né à Paris, O. ✻.

458. — Mme la baronne N. de R.... en costume de l'époque Louis XV. (App. à Mme la baronne Nathaniel de Rothschild).

**LANEUVILLE (Jean-Louis),** mort vers 1826.

459. — Portrait du citoyen Paré, ex-ministre. (App. à M. Rothan. - S. 1795).

**LAURENS (Jean-Paul),** né à Fourquevaux (Haute-Garonne). — O. ✻.

460. — Portrait de mon père.
461. — Mort du duc d'Enghien. (Musée d'Alençon. - S. 1872).
462. — L'Interdit. (Musée du Havre). - S. 1875).
463. — François de Borgia devant le cercueil d'Isabelle de Portugal. (App. à M. Saucède. - S. 1876).
464. — St-Bruno refusant les offrandes de Roger comte de Calabre. (Eglise St-Nicolas-des-Champs. - S. 1871).

**LAVIEILLE (Eugène-Antoine-Samuel),** né à Paris le 29 novembre 1820, mort en 1888.

465. — La nuit ; — La Celle-sous-Moret-sur-Loing. (S. 1878).
466. — Le repos de la terre. (M. I. P. et B. A. - S. 1888)
467. — Soir d'hiver. (Musée de Nantes. - S 1875).

**LEBRUN (Mme Louise-Elisabeth,** dite **VIGÉE-LEBRUN),** née à Paris le 16 avril 1755, morte à Paris le 30 mars 1842.

468. — Portrait de Carle Vernet. (App, à M. Antonin Proust).
469. — Jeune mère et son enfant. (App. à M. Michel Heine).

**LEFEBVRE (Jules-Joseph),** né à Tournon, — O. ✻.

470. — Jeune fille endormie. (App. à M. E. des Vallières. - S. 1865).
471. — Femme couchée. (App à M. Alexandre Dumas. - S. 1868).

**LEFÈVRE (Robert),** né à Bayeux le 18 avril 1756, mort à Paris le 3 octobre 1830.

472. — Portrait de femme. (App. à M. Poirson).

**LEFORTIER (J.-Henri),** né à Sèvres le 2 octobre 1819, mort en 1888.

473. — Saules au bord d'un étang.

**LEHMANN (Charles-Ernest-Rodolphe-Henri-Salem),** né à Kiel le 14 avril 1814, naturalisé français, mort en 1882.

474. — Portrait de Mme A. H... (App. à M. Arsène Houssaye).
475. — Les Océanides. (App. à l'Etat. - S. 1846).

**LELOIR (Alexandre-Louis),** né à Paris le 13 mars 1843, mort à Paris en 1883.

476. — Les Fiançailles. (App. à M. Auguste Dreyfus. - S. 1878).

**LEMATTE (Jacques-Francois-Ferdinand),** né à Saint-Quentin.

477. — Nymphe surprise par un faune. (S. 1878).

**LE ROUX (Hector),** né à Verdun. — ✵.

478. — Un miracle chez la Bonne Déesse. (S. 1869).

**LEVY (Émile),** né à Paris. — ✵.

479. — Portrait de Mme L...
480. — Les Ecus (1866). (Musée du Hâvre).

**LOUBON (Émile),** né à Aix (Bouches-du-Rhône) le 12 janvier 1809, mort à Marseille le 1er mai 1863.

481. — Vue de Marseille, prise des Aygalades. (Musée de Marseille).

**LUMINAIS (Évariste-Vital),** né à Nantes. — ✵.

482. — Les deux rivaux. (S. 1868).
483. — Pillards gaulois. (Musée de Langres. - S. 1867).

**MAILLOT (Théodore-Pierre-Nicolas),** né à Paris le 30 juillet 1826, mort le 25 juin 1888.

484. — Tambours aux Gardes. (App. à M. Michelet. - S. 1865).

**MANET (Édouard),** né à Paris en 1833, mort en 1883.

485. — Le Fifre. (App. à M. Faure).
486. — Espagnol jouant de la guitare. (App. à M. Faure. - S. 1861).
487. — Olympia. (App. à Mme Manet. - S. 1865).
488. — Toreador tué. (App. à M. Faure. - S. 1869).
489. — Le bon Bock. (App. à M. Faure. - S. 1873).
490. — Argenteuil. (App. à M. E. May. - S. 1875).
491. — Femme en blanc. (App. à Mme Manet. - S. 1879).
492. — Portrait de M. Antonin Proust. (App. à M. Antonin Proust. - S. 1880).
493. — Les asperges. (App. à M. Ch. Ephrussi).
494. — Mon Jardin. (App. à M. Clapisson).
495. — Le Printemps ; — Jeanne. (App. à M. Antonin Proust. - S. 1882).
496. — Le Port de Boulogne ; — effet de nuit. (App. à M. Faure).
497. — Le Liseur (App. à M. Faure).
498. — En Bateau. (App. à M. V. Desfossés).

**MARCHAL (Charles-François),** né à Paris le 10 avril 1825, mort à Paris en 1877.

499. — La foire aux servantes à Bouxwiller. (Musée de Nancy. - S. 1864).

**MARILHAT (Prosper),** né à Thiers le 20 mars 1811, mort à Thiers, le 13 septembre 1847.

500. — Le Café turc. (App. à Mme Moreau-Nelaton).

**MEISSONIER (Jean-Louis-Ernest),** membre de l'Institut, né à Lyon. — G. O. ✵.

501. — M. Delahante. (E. U. de 1867. — App. à M. Delahante).
502. — « 1814 ». (App. à M. Delahante. - S. 1864).
503. — L'Attente. (App. à M. Meissonier. - S. 1857).

504. — Le Graveur à l'eau-forte. (App. à M. Meissonier. - S. 1862)
505. — L'Empereur à Solférino. (Musée du Luxembourg. - S. 1864).
506. — Paris ; — 1870-1871. (App. à M. Meissonier)
507. — M. Thiers sur son lit de mort. d°
508. — Portrait du Dr Lefebvre.
509. — Portrait de Mme ***

**MERSON (Luc-Olivier)**, né à Paris. — ✻.

510. — Le loup d'Agubbio. (Musée de Lille. - S. 1878).

**MICHEL (Georges)**, né à Paris en 1733, mort en 1843.

511. — La Plaine. (App. à M. Jules Ferry).
512. — Le Moulin. (App. à M. Etienne Arago).

**MILLET (Jean-François)**, né à Gréville (Manche) le 4 octobre 1814, mort à Barbizon (Seine-et-Marne), en 1875.

513. — Nymphe et Satyre. (App. à M. Keithinger).
514. — Œdipe détaché de l'arbre. (App. à M. Otlet. - S. 1847).
515. — Une tondeuse de moutons. (App. à M. Brooks. - S. 1858).
516. — Le Hameau Cousin. (App. à M. Vasnier).
517. — Pacage.
518. — Les glaneuses. (App. à M. Bischoffsheim. - S. 1857).
519. — Fileuse. (App. à M. Coquelin).
520. — Les tueurs de cochons. (App. à M. Hecht).
521. — Les Meules. (App. à Mme Hartmann).
522. — Marine. (App. à M. Tabourier).
523. — Un paysan se reposant sur sa houe. (App. à M. Van den Eynde. - S. 1868).
524. — Des paysans rapportent à leur habitation un veau né dans les champs. (S. 1864).
525. — Un parc à moutons ; — clair de lune. (E. U. de 1867. App. à M. Bellino.)

**MONET (Claude)**, né à Paris.

526. — L'église de Vernon. (App. à M. H. Vever).
527. — Les Tuileries. (App. à M. de Bellio).
528. — Vetheuil. (App. à M. E. May).

**MONTICELLI (Adolphe)**, né à Marseille le 24 octobre 1824, mort le 4 juillet 1886.

529. — Tentation de St-Antoine. (App. à M. Chéramy).

**MOREAU (Louis-Gabriel**, dit **MOREAU l'aîné)**, né à Paris en 1740, mort à Paris en 1806.

530. — Vue de Meudon. (App. à M. Etienne Arago.)

**MOREAU (Gustave)**, membre de l'Institut, né à Paris. — O. ✻.

531. — Le Jeune homme et la Mort ; — à la mémoire de Théodore Chassériau. (App. à M. Cahen d'Anvers. - S. 1865).
532. — Galathée. (App. à M. Taigny).

**MULLER (Charles-Louis)**, membre de l'Institut, né à Paris. — O. ✻.

533 — Lady Macbeth. (Musée d'Amiens. - S. 1849).

**NEUVILLE (Alphonse-Marie de)**, né à St-Omer le 1er juin 1835, mort à Paris le 19 mai 1885.

534. — La Batterie d'artillerie dans la neige ; — (inachevé). (App. à Mme de Neuville).
535. — Le Parlementaire ; — (inachevé). d°
536. — Le grenier de Champigny. d°
537. — Les dernières cartouches. (App. à M. C.-J. Lefèvre. - S. 1873).

**PAGNEST (Aimable-Louis-Claude)**, né à Paris le 9 juin 1790, mort le 25 mai 1819.

538. — Portrait de dame âgée. (App. à M. Chéramy).
539. — Portrait de femme. (App. à M. Rothan).

**PAJOU (Jacques-Augustin-Catherine),** né à Paris le 27 août 1766, mort le 28 novembre 1828.

540. — Portrait du général Championnet. (App. à M. Rothan).

**PISSARO (Camille),** né à Saint-Thomas.

541. — Soleil d'hiver. (App. à M. May. - S. 1864).
542. — La Route. d°

**PROTAIS (Paul-Alexandre),** né à Paris. — O. ✻.

543. — En Marche. (Musée de Toulon. - S. 1870).
544. — La Séparation ; — armée de Metz (29 octobre 1870).
(App. à Mme la Baronne James de Rothschild. - S. 1872).

**PRUD'HON (Pierre),** né à Cluny le 4 avril 1758, mort à Paris le 16 février 1823.

545. — Portrait de M. de Talleyrand (App. à la ville de Paris).
546. — Portrait de femme. (App. à Mme Charras).
547. — Andromaque ; — esquisse du tableau exposé en 1824.
(App. à M le baron Gérard. - S. 1824).
548. — Triomphe de Bonaparte. (App. à M. Chéramy).
549. — Mme Copia. (App. à M. F. Bischoffsheim).
550. — Innocence. (App. à M. Edouard Desfossés).
551. — Georges Antony, (Musée de Dijon).
552. — Minerve conduisant le Génie de la Peinture au séjour de l'Immortalité.
(App. à M. Henri Deutsch).
553. — Christ. (App à M. Tabourier).
554. — L'Amour refusant les richesses. (App. à M. Tabourier).
555. — Un dîner chez le Premier Consul ; — esquisse. (App. à M. Alfred Stevens).
556. — Portrait. (App. à Mme la Comtesse Desages).

**PUVIS DE CHAVANNES (Pierre),** né à Lyon. — O. ✻.

557. — L'Automne. (Musée de Lyon. - S. 1864).
558. — Décollation de Saint Jean-Baptiste. (S. 1870).
559. — L'Enfant prodigue.
560. — Jeunes filles au bord de la mer.
561. — Vie de Sainte-Geneviève ; — esquisse de la peinture du Panthéon.

**QUOST (Ernest),** né à Avallon.

562. — Corbeille de fleurs.

**RAFFAËLLI (Jean-François),** né à Paris. — ✻.

563. — Bonhomme venant de peindre sa barrière. (App. à M. Albert Wolff).
564. — Hommes venant de couper des arbres. (App. à M. Blumenthal).
565. — La famille de Jean-le-Boiteux ; — paysans de Plougasnou (Finistère). (S. 1877).
566. — Deux anciens.
567. — Maire et conseiller municipal.

**RAFFET (Denis-Auguste-Marie),** né à Paris le 2 mars 1804, mort à Gênes le 16 février 1860.

568. — Grenadier de la République.
569. — Canonnier de la République. (App. à M. A. Cain).

**REGAMEY (Guillaume),** né à Paris le 22 septembre 1837, mort le 3 janvier 1875

570. — Cuirassiers au cabaret. (S. 1875).
571. — Campagne de Crimée, cuirassiers du 9e. (S. 1869).

**REGNAULT (Alexandre-Georges-Henri),** né à Paris le 30 octobre 1843, mort le 19 janvier 1871.

573. — Juan Prim, 8 octobre 1868. (Musée du Louvre. - S. 1869).

**RIBOT (Théodule),** né à Breteuil (Eure). — O. ✻.

572. — L'Huître et les Plaideurs. (Musée de Caen. - S. 1868).
574. — Les Philosophes. (Musée de Saint-Omer. - S. 1869).
575. — Musiciens. (App. à M. Lutz).
576. — Portrait de M. Luquet. (App. à M. Luquet)

**RICARD (Louis-Gustave)**, né à Marseille en 1823, mort en 1872.

577. — Portrait de M. Chaplin. (App. à M. Chaplin).
578. — Nature morte. (App. à M. H. Rouart).
579. — Petite fille au chat. (App. à Mme la Baronne N. de Rothschild).
580. — Portrait de Mme Sabatier. (App. à Mme Sabatier).
581. — Portrait de Mlle Louise Baignières. (App. à M. A. Baignières).
582. — Portrait de Mme de Calonne. (Musée de Luxembourg).
583. — Portrait d'enfant. (App. à M. Léopold Goldschmidt).

**RIESENER (Henri-François)**, né à Paris le 19 octobre 1767, mort à Paris 7 février 1828.

584. — Portrait de femme.

**RIESENER (Louis-Antoine-Léon)**, né à Paris le 21 janvier 1808, mort en 1878.

585. — Une bacchante. (App. à M. A. Dumas. - S. 1836).
586. — Léda. (Musée de Rouen. - S. 1841).

**ROBERT (Hubert)**, né à Paris le 22 mai 1733, mort à Paris le 15 avril 1808.

587. — Restauration de sculptures rassemblées dans un hangar pratiqué sous les ruines d'un monument antique. (App. à M. Moreau-Chaslon).
588. — Vue d'un canal. (App. à M. Groult).
589. — Galerie du Louvre ; — projet. (App. à M. Groult S. 1795).
590. — Monuments et ruines. (Musée de Rouen).
591. — Vue du Pont-au-Change et de la Tour de l'Horloge, à Paris, vers 1789. (Musée de Versailles).

**ROBERT-FLEURY (Joseph-Nicolas)**, membre de l'Institut, né à Cologne, de parents français. — C. ✱.

592. — Galilée. (App. à M. le Comte Pillet-Will. — S. 1847).

**ROLL (Alfred-Philippe)**, né à Paris. — ✱.

593. — L'Inondation dans la banlieue de Toulouse en juin 1875. (Musée du Havre. - S. 1877).
594. — Le Vieux carrier. (Musée de Bordeaux).

**ROQUEPLAN (Camille-Joseph-Etienne)**, né à Mallemort (Bouches-du-Rhône) le 18 février 1800, mort à Paris le 20 septembre 1845.

595. — Bataille de Raucoux. (Musée de Versailles).
596. — Le Gué. (App. à M. le Baron Alphonse de Rothschild).

**ROUSSEAU (Philippe)**, né à Paris le 22 février 1816, mort en 1875.

597. — Les Confitures. (App. à Mme la Baronne N. de Rothschild. — S. 1872).
598. — L'Office. (App. à Mme la Baronne N. de Rothschild. — S. 1878).
599. — L'Ombrelle. (App. à M. Alexandre Dumas).

**ROUSSEAU (Théodore)**, né le 15 avril 1812, mort à Barbizon le 22 décembre 1867.

600. — Maison de garde dans la forêt de Fontainebleau. (App. à Mme Hartmann).
601. — Allée de village. d°
602. — Bords de l'Oise. (App. à M. de Porto-Riche).
603. — Le Petit pont. (App. à M. Bellino).
604. — Bords de l'Oise. (App. à M. Lutz).
605. — La Chaumière. (App. à M. Bouchéron).
606. — Le Matin. (App. à Mme la Baronne N. de Rothschild).
607. — Le Soir. (App. à Mme la Baronne N. de Rothschild).
608. — La Barque. (App. à M. Barbedienne).
609. — Mare dans les Landes (1866). (App. à M. Vever).
610. — Les Chênes. (App. à M. Prosper Crabbe).
611. — La Ferme dans les Landes. (App. à M. Tabourier. — S. 1859).
612. — Le Pêcheur à la ligne. (App. à M. Léopold Goldschmidt).
613. — Vue de Broglie. (App. à M. F. Bischoffsheim).
614. — Coucher du soleil.
615. — Fin d'été à Fontainebleau ; — effet d'orage. (App. à M. V. Desfossés).

**SCHEFFER (Ary),** né à Dordrecht en 1795, mort en 1858.

616. — Portrait de Lafayette. (App. à M. le Colonel Connolly. - S. 1819).

**SÉGÉ (Alexandre),** né à Paris en 1819, mort en octobre 1885.
1888.

617. — La Beauce. (S. 1872).
618. — En pays Chartrain. (Musée de Chartres. — S. 1884).

**SERVIN (Amédée-Élie),** né à Paris le 6 septembre 1829, mort à Villier-sur-Marne en 1884.

619. — Le Puits de mon charcutier. (App. à M. Lutz. — S. 1869).
620. — Le Jubé. (App. à M. Lutz).
621. — Le vin piqué. (App. à M. Lutz. — S. 1870).

**TASSAERT (Nicolas-François-Octave),** né à Paris le 26 juillet 1800, mort le 24 avril 1874.

622. — Saint-Hilarion. (App. à M. A. Dumas).
623. — David et Betsabée.
624. — Le Retour du bal. (App. à M. H. Rouart).

**TAUNAY (Nicolas-Antoine),** né à Paris en 1755 mort à Paris, le 20 mars 1830.

625. — Le général Bonaparte reçoit des prisonniers sur le champ de bataille (1797). (Musée de Versailles. - S. 1801).

**TISSOT (James),** né à Nantes.

626. — Marguerite à l'office. (App. à M. Léon Say. - S. 1861).

**TROYON (Constant),** né à Sèvres le 28 août 1810, mort à Paris le 20 mars 1865.

627. — Vache blanche. (App. à M. Prosper Crabbe - S. 1855).
628. — Bœufs à la charrue. (App. à M. Boucheron).
629. — Le Matin ; — départ pour le marché. (App. à M. Prosper Crabbe. - S. 1859).
630. — Chiens écossais. (E. U. de 1867. - App. à M. Lagarde).
631. — Vallée de la Touque. (App. aux enfants de feu M. S. B. H. Goldschmidt. - S. 1853).
632. — Vache blanche au pré. (E. U. de 1867. — App. à M. V. Desfossés).
633. — Pâturage en Normandie. (App. à M. Van den Eynde).
634. — Bœuf dans une prairie. (App. à M. Herz).
635. — Berger et son troupeau. (App. à M. Herz).
636. — Bœufs au labour. (App. à M. Bellino).

**ULMANN (Benjamin),** né à Blotzheim (Haut-Rhin) le 24 mai 1829, mort en 1883.

637. — Le « Libérateur du territoire ». (Musée de Versailles).

**VALLIN (Jacques-Antoine).**

638. — Portrait d'homme. (App. à M. Rothan).

**VERNET (Antoine-Charles-Horace,** dit **Carle),** né à Bordeaux le 14 août 1758, mort à Paris le 28 novembre 1836.

639. — Attributs de chasse. (App. à l'Etat).

**VERNET (Horace),** né à Paris en 1789, mort en 1863.

640. — Portrait du curé de Saint-Louis-des-Français. (App. à M. Horace Delaroche-Vernet).
641. — Bivouac du colonel Moncey. (App. à M. le duc de Conegliano).
642. — Siège de Constantine ; — prise de la ville (13 octobre 1837). (Musée de Versailles. - S. 1839).
643. — Portrait d'enfant.

**VOLLON (Antoine),** né à Lyon. — O. ✵.

644. — Pêcheurs à Hendaye. (App. à M. Caire).
645. — Femme du Pollet à Dieppe. (App. à M. Jean de Kuijper. - S. 1876).
646. — Armures. (Musée du Luxembourg. - S. 1875).
647. — Le vieux Bercy. (App. à M. le docteur Goujon).

**VUILLEFROY (Dominique-Félix de),** né à Paris. — ✻.

648. — Troupeau de bœufs dans la rue d'Allemagne à La Villette. (S. 1875).
649. — Bœufs dans un marécage.

**YVON (Adolphe),** né à Eschviller. — O. ✻.

650. — Le maréchal Ney soutient l'arrière-garde de la grande armée ; — retraite de Russie (décembre 1812). (Musée de Versailles. - S. 1855).

**ZIEM (Félix),** né à Beaune — O. ✻.

651. — Bords de l'Amstel (Hollande) ; — effet de soleil couchant. (Musée de Bordeaux - S. 1852).
652. — Stamboul. (Musée de Rouen. - S. 1864).

---

## II.

## Dessins et Aquarelles.

**ALIGNY (Théodore CARUELLE d'),** né à Chaumes (Nièvre) le 6 février 1798, mort en 1871.

1. — Forêt de Fontainebleau ; — dessin. (App. à Mme Roger-Ballu).
2. — Paysage d'Italie ; — dessin à la plume. (App. à M. Etienne Arago).

**BARYE (Antoine-Louis),** né à Paris le 24 septembre 1795, mort le 25 juin 1875.

3. — Tigre en marche ; — aquarelle. (App. à M. Lutz).
4. — Eléphant mort ; — aquarelle. (App. à M. Ph. Burty).
5. — Lion traversant un passage de montagne ; — aquarelle. (App. à M. Henri Rouart).
6. — Combat d'un serpent et d'un tigre ; — aquarelle. (App. à M. Bonnat).
7. — Lionne au repos ; — aquarelle. (App. à M. Tabourier).
8. — Buffles ; — aquarelle. (App. à M. Hayem).
9. — Léopard regardant une vipère ; — aquarelle. d°
10. — Lion couché ; — aquarelle. d°

**BASTIEN-LEPAGE (Jules),** né à Damvillers (Meuse), le 1er novembre 1848, mort le 10 décembre 1884.

11. — Etude pour le portrait du grand-père ; — dessin. (App. à M. E. Bastien-Lepage).
12. — L'enterrement d'une jeune fille ; — dessin. d°

**BAUDRY (Paul),** né à La Roche-sur-Yon le 7 novembre 1828, mort en 1886.

13. — Etude d'enfant pour « la Glorification de la Loi » ; — dessin. (App. à M. Ephrussi).
14. — Etude pour une des Grâces du « Parnasse » ; — dessin. d°
15. — Etude pour « l'Enfant et la Fortune » ; — dessin. d°
16. — Etude d'homme pour « les Bergers » ; — dessin. (App. à M. Dubus).
17. — Etude de femme pour « les Bergers » ; — dessin. d°
18. — Apollon ; étude pour « le Parnasse » ; — dessin. d°
19. — Thalie ; — dessin. d°
20. — Etude d'homme pour les « les Poètes » ; — dessin. d°
21. — Jeune femme tenant un enfant faisant partie du groupe de la famille primitive pour « les Poètes » ; — dessin. (App. à M. Dubus).
22. — La Poésie sur Pégase ; — dessin. d°
23. — Hippocrène, étude pour « le Parnasse » ; — dessin d°

**BELLANGÉ (Hippolyte),** né à Paris le 16 février 1800, mort à Paris le 10 avril 1866.

24. — « La Garde meurt » ; — aquarelle rehaussée de peinture à l'huile. (App. à M. E. Bellangé)
25. — Chasseur à pied, vieille garde ; — aquarelle. d°
26. — Les cuirassiers à Waterloo, passage du Chemin creux ; — aquarelle. (App. à Mme Bourdon. - S. 1865).

**BIDA (Alexandre),** né à Toulouse. — O. ✻.

27. — Le mur de Salomon ; — lavis d'encre de Chine. (App. à M. Osiris. - S. 1857).
28. — Les Vierges folles ; — dessin. (App. à M. H. Teyssier. - (S. 1867).
29. — Intérieur de femmes arabes ; — dessin. d° (S. 1861).
30. — Réfectoire des moines grecs ; — dessin. (S. 1857).
31. — Massacre des mamelucks ; — dessin. (Musée du Luxembourg. - S. 1861).

**BOILLY (Louis-Léopold),** né à la Bassée (Nord), le 5 juillet 1761, mort à Paris en 1845.

32. — La Surprise ; — crayon noir relevé de blanc, (gravé par Honoré). (App. à M. Lacroix).
33. — L'enfant au chien ; — dessin. (App. à M. Lutz).
34. — Deux jeunes filles ; — étude, dessin. (App. à M. Groult).
35. — Distribution du lait ; — lavis d'encre de Chine (1793). (App. à Mme Fanny Dreyfus).
36. — Portraits de l'artiste ; — dessins. (App. à Mme Boilly).
37. — Deux croquis pour les joueurs d'échecs ; — dessins. d°
38. — Jeune mère ; — dessin. d°
39. — Un des enfants de l'artiste jouant au soldat ; — dessin. d°
40. — La Crânologie ; — dessin (1807). d°
41. — La Vaccine ou le préjugé vaincu ; — dessin (1807). d°
42. — Préparatifs pour la vaccine ; — dessin. d°
43. — Mère tenant son enfant qui vient d'être vacciné ; — dessin. d°
44. — La leçon de dessin ; — dessin. d°
45. — La leçon de musique ; — dessin. d°
46. — « Les Brigands » (première scène) ; — aquarelle. d°
47. — « Les Brigands » (deuxième scène) ; — aquarelle. d°
48. — Bonaparte et sa famille ; — lavis d'encre de Chine. (App. à M. Moreau-Chaslon).

**BOISSIEU (Jean-Jacques de),** né à Lyon (Rhône), en 1736, mort à Lyon, le 1er mars 1810.

49. — L'arrivée de Pie VII à Lyon ; — dessin à l'encre de Chine. (App. à M. Féral).
50. — Ruines avec personnages ; — dessin à l'encre de Chine. (App. à M. le comte de Waldner).
51. — Joueur de vielle ; — lavis d'encre de Chine. (App. à M. Bonnat).

**BONHOMMÉ (François-Ignace),** né à Paris, le 15 mars 1809, mort le 2 octobre 1881.

52. — Le Creusot ; — aquarelle et pastel. (App. à M. Champfleury).

**BONNAT (Léon),** membre de l'Institut, né à Bayonne. — C. ✻.

53. — Portrait de l'artiste à l'âge de 14 ans ; — dessin.

**BONVIN (François),** né à Paris, le 22 novembre 1817, mort à St-Germain-en-Laye (Seine-et-Oise), le 18 décembre 1887.

54. — La vieille fileuse ; — dessin (1856). (App. à M. Bellino).
55. — Le tonnelier ; — dessin (1870). d°
56. — La priseuse ; dessin (1870). d°
57. — La balayeuse ; — dessin (1853). d°
58. — Branche de pommier fleuri ; — aquarelle (1861). (App. à M. Ph. Burty).
59. — Carrières-sous-Bois ; — aquarelle (1874). (App. à M. Philippe Gille).

**BOULANGER (Louis),** né à Verceil (Italie), de parents français, le 11 mai 1806, mort à Dijon, le 5 mars 1867.

60. — Portrait de Balzac ; — sépia. (App. au Musée de Tours).

**BOULANGER (Gustave),** né à Paris le 25 avril 1824, mort à Paris en 1888.

61. — Femme arabe ; — dessin rehaussé de pastel. (App. à M. Charles Narrey).
62. — Etude de femme ; — dessin rehaussé de gouache et de pastel. (App. à M. Hessel).

**BRACQUEMOND (Félix),** né à Paris. — ✻.

63. — Portrait du Dr H. de Montègre ; — pastel. (App. à M. Michel Colombari).
64. — La lecture de la Bible ; — pastel. (App. à M. E. May).

**BRASCASSAT (Jacques-Raymond),** né à Bordeaux le 30 août 1804, mort à Paris le 28 février 1867.

65. — Taureaux et vaches ; — neuf dessins au crayon noir et à la sanguine. (App. à M. Krafft).
66. — Moutons ; — neuf dessins à la sanguine. do

**BRETON (Jules),** membre de l'Institut, né à Courrières (Pas-de-Calais). — O. ✻.

67. — Croquis de bretonne ; — crayon noir et rouge.
68. — Etude pour « la Fontaine » ; — dessin.
69. — Etude pour « la Fontaine » ; — dessin.
70. — Etude pour « le Pardon » ; — trois dessins.

**BRUANDET (Lazare),** né à Paris le 3 juillet 1755, mort à Paris le 16 mars 1803.

71. — Paysage gouache (personnages par Swebach). (App. à M. P. Marmottan).

**BUTIN (Ulysse),** né à Saint-Quentin en 1837, mort à Paris le 9 décembre 1883.

72. — L'attente ; — dessin. (App. à M. Clairin).
73. — Type de pêcheur normand ; — dessin. (App. à Mme Duez).
74. — Le borgne ; — dessin. (App. à Mme Royer Jourdain).
75. — Jeune garçon s'appuyant sur une balustrade ; — dessin. (App. à Mme A. Deligny).

**CABANEL (Alexandre),** né à Montpellier le 28 septembre 1824, mort à Paris en 1889.

76. — Femme feuilletant un livre ; — dessin à la sanguine.
77. — Saint-Louis enfant ; — dessin.
78. — Saint-Louis sur son trône ; — dessin.
79. — Femme portant une corbeille ; — dessin à la sanguine.
80. — Deux Amours pour le tableau de « Vénus » ; — étude à la sanguine.
81. — Etude de femme ; — dessin.
82. — Tireur d'arc ; — dessin.
83. — Les Mois ; — cinq études pour les pendentifs du salon des Cariatides de l'ancien Hôtel de Ville de Paris (1858).

**CABAT (Louis-Nicolas),** membre de l'Institut, né à Paris. — O. ✻.

84. — Trois arbres, site du Berry ; — dessin (1832).
85. — Lac de Nemi ; — dessin (1837).

**CARPEAUX (Jean-Baptiste),** né à Valenciennes le 11 mai 1825, mort le 10 octobre 1875.

86. — Un quadrille à Compiègne ; — fusain. (App. à Mme Carpeaux).
87. — Etude d'enfants ; — dessin. do
88. — Portrait de l'artiste ; — dessin à la sanguine. do
89. — Portrait de mon frère ; — dessin à la sanguine. do
90. — Ugolin ; — dessin. do
91. — Course de taureaux ; — dessin. do
92. — Etudes pour « l'Espion » ; — dessin rehaussé de pastel. do
93. — L'enfant au chien ; — dessin. do
94. — La barque ; — sépia. do
95. — La France blessée secourue par ses enfants ; — dessin. do

**CAZIN (Mme Marie),** née à Paimbœuf.

96. — Tristesse ; — dessin. (App. à Mme Cazin).
97. — Méditation ; — dessin. do
98. — Jeunes filles ; — dessin. do

**CHABAL-DUSSURGEY (Pierre-Adrien),** né à Charlieu (Loire). — ✱.

99. — Fleurs ; — dessin.
100. — Fleurs ; — dessin.

**CHARLET (Nicolas-Toussaint),** né à Paris le 20 décembre 1792, mort à Paris le 19 décembre 1845.

101. — « Le Vieux Vagabond » ; — dessin pour « Les Chansons de Béranger ». (App. à M. Piat).

**CHASSERIAU (Théodore),** né à Sainte-Barbe-de-Samana (Amérique espagnole), de parents français, le 20 septembre 1819, mort à Paris le 8 octobre 1856.

102. — Portrait de la mère de l'auteur ; — dessin (1840). (App. à M. Chassériau).
103. — Portrait d'Alexis de Tocqueville ; — dessin (1844). d°
104. — La Paix (pour l'ancien palais de la Cour des Comptes) ; — dessin (1848). d°

**CHENAVARD (Paul-Marc-Joseph),** né à Lyon. — O. ✱.

105. — Les chrétiens dans les Catacombes ; — dessin.
106. — Temps d'Attila ; — dessin.
(Cartons faisant partie du projet de décoration du Panthéon commandée en 1848.) (Musée de Lyon).
107. — La Convention Nationale ; — dessin.

**CHÉRET (Jules),** né à Paris.

108. — Esquisse d'affiche ; — aquarelle gouachée.

**CLODION (Claude MICHEL, dit),** né à Nancy le 20 décembre 1738, mort à Paris le 28 mars 1814.

109. — Motif décoratif ; — dessin. (App. à M. Bonnat).

**COGNIET (Léon),** né à Paris le 29 août 1794, mort à Paris, le 20 novembre 1880.

110. — Combat en Afrique ; — dessin. (App. à Mme L. Cogniet).
111. — Combat en Afrique ; — dessin. d°
112. — Combat de cuirassiers ; — dessin. d°
113. — Le coup de feu ; — aquarelle. (App. à M. Bonnat).
114. — Le Napolitain ; — sépia. (App. à M. Bonnat).

**COROT (Camille),** né à Paris le 29 juillet 1796, mort à Paris le 20 février 1875.

115. — Etude d'arbres ; — fusain. (App. à M. Robaut).
116. — Etude d'arbres ; — fusain. d°
117. — Etude d'arbres ; — fusain. d°
118. — Portrait de jeune fille ; — dessin. d°
119. — Etude de feuillage ; — dessin à la plume. d°
120. — Etude de femme ; — dessin. d°
121. — Etude d'arbres et de rochers (Civita-Castellana, septembre 1827) ; — dessin à la plume.
122. — Figure nue ; — dessin. (App. à M. H. Rouart).

**COUDER (Louis-Charles-Auguste),** né à Paris le 1er avril 1798, mort en 1879.

123. — Esquisse pour une peinture religieuse ; — dessin. (App. à Mme Couder).
124. — Scène de Don Quichotte ; — aquarelle. d°
125. — Esquisse pour « la Fédération » ; — dessin. (App. à M. le marquis de Queux de Saint-Hilaire).

**COURBET (Gustave),** né à Ornans (Doubs) le 10 juin 1819, mort en Suisse le 31 décembre 1877.

126. — Les demoiselles des bords de la Seine ; — fusain (1847). (App. à M. Lutz).
127. — Portrait du philosophe Trapadoux ; — dessin (1847). (App. à M. Antonin Proust).

**COUTURE (Thomas),** né à Senlis (Oise), le 21 décembre 1815, mort le 3 mars 1879.

128. — Portrait de Michelet ; — dessin. (App. à Mme Paul Huet).
129. — Portrait de George Sand ; — dessin. (App. à M. Barbedienne. - S. 1850).
130. — Portrait de Béranger ; — dessin. d°

**DAUBIGNY (Charles-François),** né à Paris le 15 février 1817, mort le 19 février 1878.

131. — Paysage ; — dessin à la sépia et au crayon. (App. à M. H. Rouart).
132. — Bord de l'eau ; — dessin. (App. à M. Geoffroy Dechaume).
133. — La mare ; — fusain. (App. à M. Robaut).

**DAUMIER (Honoré),** né à Marseille le 26 février 1808, mort à Valmondois (Seine-et-Oise), le 11 février 1879.

134. — Les pièces à conviction ; — aquarelle. (App. à M. Bellino).
135. — Le plaidoyer ; — aquarelle. d°
136. — La plaidoirie ; — aquarelle. (App. à M. Heilbuth).
137. — La parade ; — aquarelle. (App. à M. Rouart).
138. — La gare Saint-Lazare ; — aquarelle. d°
139. — Portrait charge de Carrier-Belleuse ; — dessin. (App. à M. Poilpot).
140. — Le plaidoyer ; — aquarelle. (App. à M. Boulard).
141. — Intérieur d'un wagon de 3e classe ; — aquarelle. d°

**DAVID (Jacques-Louis),** né à Paris le 31 août 1748, mort à Bruxelles le 29 décembre 1825.

142. — Etude pour « le Serment des Horaces » ; — dessin. (App. à M. Bonnat).
143. — Etudes pour le « Serment du Jeu de Paume » ; — dessin à l'encre de Chine. (App. à M. Chéramy).
144. — Enlèvement des Sabines (fragment) ; — dessin. (App. à M. de Chennevières).
145. — Mme de La Valette ; — dessin. (App. à M. Gigoux).
146. — M. de Cossé-Brissac ; — dessin. d°

**DAVID D'ANGERS (Pierre-Jean),** né à Angers le 12 mars 1789, mort à Paris, le 5 janvier 1856.

147. — Jeune berger ; — dessin (envoi de Rome, 1815).
148. — Condé à Fribourg ; — dessin (1817).
149. — Fronton du Panthéon (première idée) ; — dessin. (App. à M. David d'Angers).

**DEBUCOURT (Louis-Philibert),** né à Paris le 13 février 1775, mort à Paris le 22 septembre 1832.

150. — Bal champêtre ; — aquarelle. (App. à M. le comte de Greffulhe).
151. — Les travaux au Champ-de-Mars pour la fête de la Fédération en 1790 ; — lavis d'encre de Chine. (App. à M. Lacroix).
152. — Le baiser volé ; — dessin à l'encre de Chine. (App. à M. de Chennevières).

**DECAMPS (Alexandre-Gabriel),** né à Paris le 3 mars 1803, mort à Fontainebleau le 22 août 1860.

153. — Le garde-chasse ; — sépia. (App. à M. Bellino).
154. — Le chercheur de truffes ; — dessin. (App. à M. Lauzières).
155. — Episode de la défaite des Cimbres ; — dessin. (App. à M. Barbedienne. - S 1842).

**DELACROIX (Eugène),** né à Charenton-Saint-Maurice le 2 avril 1748, mort à Paris le 13 août 1863.

156. — Lion et lionne ; — dessin à la plume. (App. à M. Cheramy).
157. — Cromwell devant le cercueil de Charles Ier ; — aquarelle. (App. à Mme Paul Huet).
158. — Arabe assis ; — aquarelle. (App. à M. H. Rouart).
159. — Chemin bordé de saules ; — aquarelle. (App. à M. Ph. Burty).
160. — Vallée de la Touraine ; — aquarelle. d°
161. — Parc de Mme G. Sand ; — crayon (1858). d°
162. — Etudes de Maures et de Juifs arabes ; — deux dessins. d°
163. — Chamelier marocain ; — dessin rehaussé de pastel. d°
164. — L'automne ; — dessin. d°

165. — L'Été ; — dessin, étude pour la galerie d'Apollon, au Louvre. (App. à M. Gauvin).
166. — Arabes couchés ; — aquarelle. (App. à M. Hayem).
167. — Les Sages de la Grèce ; — dessin, étude pour la décoration du salon de la Paix à l'ancien Hôtel-de-Ville.
168. — Char d'Apollon et de Diane ; — dessin. (App. à M. Robaut).
169. — Combat d'une lionne et d'un cavalier renversé ; — dessin. d°
170. — Gladiateur renversé par une lionne ; — dessin. d°
171. — Desdémone maudite par son père ; — dessin à la plume. d°
172. — L'Improvisateur ; — aquarelle. (App. à M. Tabourier).

**DELAROCHE (Hippolyte, dit Paul)**, né à Paris le 17 juillet 1797, mort à Paris le 4 novembre 1856.

173. — Etude pour « la Martyre chrétienne » ; — dessin. (App. à M. G. Dubuc).
174. — Portrait de Mlle Horace Vernet ; — aquarelle. (App. à M. André Delaroche-Vernet).
175. — Portrait de M. Gosselin, libraire ; — dessin aux deux crayons. (App. à M. Gosselin).
176. — Portraits de Paul Delaroche, de Mme Paul Delaroche et de leurs deux fils ; — dessin (1843). (App. à Mme de Moulignon).
177. — Assassinat du duc de Guise ; — aquarelle. (Musée de Montpellier).

**DELAUNAY (Jules-Elie)**, membre de l'Institut, né à Nantes. — O. ✱.

178. — Etude d'enfants ; — dessin à la sanguine. (App. à Mme Ulmann).
179. — Etude pour la décoration du Conseil d'Etat au Palais-Royal ; — dessin (1885). (App. à M. de Bieville).
180. — Promethee ; — dessin. (App. à M. Paul Dubois).
181. — Invention de la voile ; — dessin aux deux crayons (1876).
182. — « Sursum corda » ; — dessin à la sanguine. (App. à Mme Chabrol).

**DEMARNE, (Jean-Louis)**, né à Bruxelles le 7 mars 1744, mort à Paris le 24 mars 1829.

183. — Etude d'arbres ; — aquarelle. (App. à M. de Chennevières).

**DESGOFFE (Alexandre)**, né à Paris le 2 mars 1805, mort le 21 juillet 1882.

184. — Environs d'Albano (Italie) ; — dessin.
185. — Groupe d'arbres ; — dessin à la plume (1835).
186. — Près de la porte d'Ancira (Italie) ; — dessin (août 1836). (App. à M. G. Flandrin).

**DEVÉRIA (Achille)**, né à Paris en 1800, mort à Paris le 12 décembre 1857, et **DEVÉRIA (Eugène)**, né à Paris en 1805, mort à Paris en 1865.

187. — Portrait de Mme A. D... ; — dessin. (App. à M. G. Devéria).
188. — Portrait de Mlle Marie E. D... ; — dessin.

**DEVÉRIA (Eugène).**

189. — Les Psaumes (décoration de la cathédrale d'Avignon) ; — aquarelle. (App. à M. G. Devéria).
190. — Frédéric Barberousse, après la défaite de Legnano, baise les pieds du Pape Alexandre III ; — aquarelle. (App. à Mme Chauliaguet).

**DEVOSGE (François)**, né à Gray en 1732, mort à Dijon en 1811.

191. — La peste de David ; — lavis d'encre de Chine.
192. — Triomphe de Bacchus et d'Ariane ; — lavis d'encre de Chine, terminé à la mine de plomb. (Musée de Dijon).

**DORÉ (Gustave)**, né à Strasbourg le 10 janvier 1833, mort le 25 janvier 1883.

193. — « Le Songe d'une nuit d'été » ; — aquarelle. (App. au Dr Joseph Michel).
194. — Tête de Christ ; — dessin à la plume. d°
195. — Scène de Macbeth ; — dessin à l'encre de Chine. (App. à Mme Joseph Michel).
196. — Le roi David ; — aquarelle. (App. à M. ***).

**DUPLESSI-BERTAUX**, né à Paris en 1747, mort en 1813.

197. — Bombardement de Saint-Jean-d'Acre ; — dessin à la plume. (App. à M. Lacroix).
198. — Echange de la duchesse d'Angoulême ; — lavis d'encre de Chine. (App. à M. de Chennevières).
199. — Ecole du tambour ; — lavis d'encre de Chine. (App. à M. Delestre).
200. — Gentilhomme Louis XIII, d'après Callot ; — dessin à la plume. (App. à M^me^ Bénédite).

**DUPRÉ (Jules)**, né à Nantes. — O. ✲.

201. — Abattis d'arbres (Berry) ; — dessin (1835). (App. à M. J. Dupré).
202. — Croquis, types du Berry ; — sept dessins (1834). d°
203. — Croquis ; — sept dessins (1834). d°
204. — La Saulaie ; — dessin. d°
205. — L'orage ; — dessin rehaussé de gouache (1835). (App. à M. Tabourier).

**DUTERTRE (André)**, né à Paris en 1753, mort à Paris en avril 1842.

206. — Almeras, général de brigade ; — fusain.
207. — Baudot, général de brigade ; — fusain.
208. — Belliard, général de brigade ; — fusain.
209. — Damas, général de division ; — fusain.
210. — D'Aure, ordonnateur en chef de l'armée d'Orient ; — fusain.
211. — Davoust, général de brigade ; — fusain.
212. — Desaix, général de division ; — fusain et lavis.
213. — Destaing, général de brigade ; — fusain.
214. — Donzelot, général de brigade ; — fusain.
215. — Dugna, général de division ; — fusain.
216. — Estève, payeur général de l'armée d'Orient ; — fusain.
217. — Fourier, secrétaire de l'Institut d'Egypte ; — fusain.
218. — Friant, général de brigade ; — fusain.
219. — Fugière, général de brigade ; — fusain.
220. — Kléber, général en chef de l'armée d'Orient ; — fusain.
221. — Lagrange, général de brigade ; — fusain.
222. — Lamisse, général de division ; — fusain.
223. — Leclerc d'Ostein, général de brigade ; — fusain.
324. — Menon, général en chef de l'armée d'Orient ; — fusain.
225. — Morand, général de brigade ; — fusain.
226. — Poussielgue, administrateur général des finances à l'armée d'Orient ; — fusain.
227. — Rabasse, adjudant-général ; — fusain.
228. — Rampon, général de brigade ; — fusain.
229. — Régnier, général de division ; — fusain.
230. — Robin, général de brigade ; — fusain.
231. — Valentin, général de brigade ; — fusain.
232. — Verdier, général de brigade ; — fusain.
233. — Vial, général de brigade ; — fusain
234. — Zaionczek, général de brigade ; — fusain.
235. — Général inconnu ; — fusain.

(Cette suite de portraits a été faite en Egypte par Dutertre, peintre attaché à l'Expédition d'Egypte).

(Musée de Versailles).

**FANTIN-LATOUR (Henri)**, né à Grenoble. — ✲.

236. — L'anniversaire de Berlioz ; — pastel (1876).
237. — L'Or du Rhin ; — pastel (1877).

**FLANDRIN (Hippolyte)**, né à Lyon le 24 mars 1809, mort à Rome le 21 mars 1864.

238. — Couronnement de la Vierge, étude pour l'église Saint-Paul à Nîmes ; — dessin à la sanguine. (App. à M. P. Flandrin).
239. — Portrait de M. Ambroise Thomas ; — dessin. (App. à M. Ambroise Thomas).
240. — Etudes pour « la Cène » de l'église Saint-Germain-des-Prés ; — six dessins. (App. à M. Valois).

**FRAGONARD (Jean-Honoré)**, né à Grasse en 1732, mort à Paris le 22 août 1806.

241. — Le Concours ; — sépia. (App. à M. E. Marcille).
242. — La Récompense ; — sépia. d°
243. — Le Sacrifice à la Rose ; — sépia. d°
244. — Danaé ; — sépia. (App. à M. H. Meilhac).
245. — Une fontaine à Rome ; — sépia. (App. à M. Groult)
246. — Le Lever des ouvrières ; — sépia. d°
247. — La Leçon de danse ; — sépia. d°
248. — Le Verrou ; — sépia. (App. à M. Josse).
249. — Le Songe ; — sépia. (App. à Mme Stern).

**FRANÇAIS (Louis)**, né à Plombières. — O. ✲.

250. — Vue du Colisée, prise du Palais des Césars ; — aquarelle (1873). (App. à Mme Alfred Hartmann).
251. — Le torrent de la Dahla à Louèche-les-Bains ; — aquarelle (1849). d°
252. — Vue du lac de Nemi, prise à Genzano ; — aquarelle. d°
253. — Vue du Tibre à Ponte-Molle ; — aquarelle (1865). d°
254. — Ruisseau du moulin Tacré, près Plombières (Vosges) ; — aquarelle (1880). d°
255. — Petit bois de pins au Pouliguen ; — aquarelle (1867). d°
256. — Vue du lac de Nemi, prise des hauteurs ; — dessin. (App. à l'auteur).
257. — Vue du lac de Nemi, prise au bord de l'eau ; — dessin. d°

**GAILLARD (Ferdinand)**, né à Paris le 7 janvier 1834, mort en 1887.

258. — Portrait de femme ; — dessin. (App. à M. R. dos Santos).

**GAVARNI (Guillaume-Sulpice CHEVALIER, dit)**, né à Paris le 13 janvier 1804, mort à Paris le 23 novembre 1866.

259. — « Le paysan qui cherche son veau...,c'est moi » ; — aquarelle. (App. à M. Bianchi).
260. — « L'enfant a bu sa goutte et la mère aussi » ; — aquarelle. d°
261. — « Non, Faisandet... non... les femmes... des bêtises ! » ; — aquarelle. (App. à M. Tabourier).
262. — La Cigale ; — aquarelle.
263. — « Moi.... c'est l'Orient » ; — aquarelle. (App. à M. Olry).
264. — Femme essayant un châle ; — dessin à la plume. (App. à Mme Sarah Bernhardt).
265. — Thomas Vireloque ; — dessin. d°

**GÉRARD (François-Pascal-Simon, Baron)**, né à Rome le 4 mai 1770, mort à Paris le 11 janvier 1837.

266. — Portrait de jeune femme ; — aquarelle. (App. à M. Delestre).
267. — L'impératrice Joséphine ; — aquarelle. (App. à M. le comte Foy).
268. — Portrait de Mlle Barbier Walbonne ; — aquarelle. d°

**GÉRICAULT (Jean-Louis-André-Théodore)**, né à Rouen le 26 septembre 1791, mort à Paris le 18 janvier 1824.

269. — Nègre à cheval ; — dessin rehaussé d'un lavis de couleur. (App. à M. E. Marcille.
270. — Marche de Silène ; — dessin rehaussé de blanc. d°
271. — Course de chevaux libres ; — dessin au trait. d°
272. — Taureaux en fureur ; — dessin au trait. d°
273. — Combat ; — dessin. (App. à M. Bonnat).
274. — Etude pour « le Naufrage de la Méduse » ; — dessin. d°
275. — Personnage turc ; — aquarelle. d°
276. — Hercule étouffant Antée ; — dessin à la plume. (App. à M. A. Cain).
277. — Lion dévorant un cheval ; — dessin. (App. à M. L. E. Lefevre).

**GIGOUX (Jean-François)**, né à Besançon. — O. ✲

278. — Tête de jeune fille ; — dessin.
279. — Portrait de femme ; — dessin.
280. — Portrait de l'auteur ; — dessin à la plume.

**GIRODET (Anne-Louis de ROUCY-TRIOSON),** né à Montargis le 5 janvier 1767, mort à Paris le 9 décembre 1824.

281. — Dante et Virgile dans la barque de Caron ; — dessin à la plume lavé d'encre de Chine. (App. à M. Etienne Arago).

**GONCOURT (Jules de),** né à Paris le 17 décembre 1830, mort en 1872.

282. — Sainte-Adresse ; — aquarelle.
283. — Vue de Bruges ; — aquarelle.
284. — La rue de la Lanterne ; — aquarelle. (App. à M. Ed. de Goncourt).

**GONCOURT (Edmond de),** né à Paris. — ✵.

285. — Portrait de Jules de Goncourt ; — aquarelle.

**GONZALÈS (Mlle Eva).**

286. — Portrait de Mme Guérard Gonzalès. (App. à Mme Guérard Gonzalès).

**GRANDVILLE (Jean-Ignace-Isidore GÉRARD, dit),** né à Nancy le 3 septembre 1803, mort à Paris le 17 mars 1847.

287. — Le « Vaisseau de l'Etat » ; — dessin à la plume.
288. — « Ils ne savent plus à quel saint se vouer » ; — dessin à la plume. (App. à M. Piat).
289. — « Le Chêne et le Roseau » ; — dessin à la plume. (Musée de Besançon).

**GRANET (François-Marius),** né à Aix (Bouches-du-Rhône), le 17 décembre 1775, mort à Aix le 21 novembre 1849.

290. — Vues d'Italie ; — dessins. (Musée d'Aix).
291. — Vues d'Italie ; — dessins. d°
292. — Vues d'Italie ; — aquarelles. d°
293. — Vues d'Italie ; — aquarelles. d°

**GREUZE (Jean-Baptiste),** né à Tournus le 21 août 1725, mort à Paris le 21 mars 1805.

294. — La belle-mère ; — crayon rehaussé de blanc. (App. à M. Lacroix).
295. — L'accordée de village ; — aquarelle. (App. à Mme la baronne Nathaniel de Rothschild).
296. — La paralytique ; — lavis d'encre de Chine. (App. à M. Josse).
297. — La marchande de marrons ; — lavis d'encre de Chine. (App. à Mme Stern).
298. — Etude pour « l'Accordée de village » ; — pastel. (App. à Mme la Baronne de Clamecy).

**GROS (baron Antoine-Jean),** né à Paris le 16 mars 1771, mort le 26 juin 1835

299. — Portrait d'enfant ; — dessin (1790).

**GUÉRIN (baron Pierre-Narcisse),** né à Paris le 13 mars 1774, mort à Rome le 16 juillet 1833.

300. — « Phèdre et Hippolyte » ; étude pour le tableau du musée du Louvre ; — dessin à la plume et au lavis, rehaussé de gouache. (App. à M. Etienne Arago).

**GUILLAUMET (Gustave),** né à Paris le 25 mars 1840, mort à Paris le 14 mars 1887.

301. — Femme arabe à la fontaine ; — dessin. (App. à Mme Guillaumet).
302. — Etude d'enfant ; — dessin au crayon noir et à la sanguine. d°
303. — Vue de Paris prise de Ville-d'Avray ; — pastel. d°
304. — Le semeur algérien ; — sanguine. d°
305. — Sous la tente ; — dessin au crayon noir et à la sanguine. d°

**HARPIGNIES (Henri),** né à Valenciennes. — O. ✵.

306. — Vallée de l'Aumance; — aquarelle (1874). (App. à M. Julien Dècle).
307. — Le Pont des Saints-Pères; — aquarelle. (App. à M. Vince).

**HÉDOUIN (Edmond),** né à Boulogne-sur-Mer le 16 juillet 1820, mort à Paris en 1889.

308. — « Amphitryon » ; — dessin.
309. — « L'École des Femmes » ; — dessin.
310. — « L'Etourdi » ; — dessin.
311. — « Le Médecin malgré lui » ; — dessin.
312. — « Le Sicilien » ; — dessin.
313. — « L'Impromptu de Versailles » ; — dessin.
314. — « Le Malade imaginaire » ; — dessin.
315. — « Le Bourgeois gentilhomme » ; — dessin.
316. — « Georges Dandin » ; — dessin.
317. — « Les Fâcheux » ; — dessin.

**HEIM (François-Joseph),** né à Belfort le 15 janvier 1787, mort le 30 septembre 1865.

318. — Portrait d'Alexandre Duval; — dessin.
319. — Portrait de Sosthène de La Rochefoucault; — dessin. (App. M. Alexis Rouart).
320. — Portrait de de Cailleux; — dessin. (App. M. Henri Rouart).

**HENRIQUEL DUPONT (Louis-Pierre),** membre de l'Institut, né à Paris. — C. ✼.

321. — Portrait de Lamartine; — aquarelle. (App. à M. Gosselin).

**HOUDON (Jean-Antoine),** né à Versailles le 20 mars 1741, mort le 16 juillet 1828.

322. — Tête d'homme ; — dessin à la sanguine. (App. à M. P. Burty).

**HUET (Jean-Baptiste),** né à Paris en 1745, mort à Paris le 27 août 1811.

323. — Retour à la ferme; — aquarelle (1790). (App. à M. Delestre).

**HUET (Paul),** né à Paris le 3 octobre 1804, mort le 9 janvier 1869.

324. — Le Pont du Gard; — dessin à la plume rehaussé d'aquarelle. (App. à Mme David d'Angers).
325. — Fileuse d'Auvergne; — aquarelle. d°
326. — Seine-Port; — fusain et crayon blanc. d°
327. — Vue de la Corniche (Rocca brune); — aquarelle. d°

**INGRES (Jean-Auguste-Dominique),** né à Montauban le 29 août 1780, mort à Paris en 1867.

328. — Étude de nu ; — dessin à la mine de plomb. (App. à M. G. Dubufe).
329. — Portrait de M. Alaux; — dessin à la mine de plomb. (App. à M. H. Rouart).
330. — Portrait de Mme Balze; — dessin à la mine de plomb. (App. à M. Raymond Balze).
331. — Portrait de Mme Hinard ; — dessin à la mine de plomb. (App. à Mme Raymond Balze).
332. — Odalisque; — dessin (1839). (App. à M. Bercy).
333. — Portrait de M. et Mme Cavendish; — dessin à la mine de plomb, 1810. (App. à M. Bonnat).
334. — Portrait de Mme Besnard; — dessin à la mine de plomb (1819). d°
335. — Portrait de M. Thevenin ; — dessin à la mine de plomb. d°
336. — Portrait de M. Chauvin ; — dessin à la mine de plomb (1816). d°
337. — Portrait de Mme Chauvin ; — dessin à la mine de plomb (1814). d°
338. — Portrait d'inconnu ; — dessin à la mine de plomb (1814). d°
339. — Ingres peignant Romulus vainqueur d'Acron; — dessin à la plume relevé d'aquarelle. (App. à M. Bonnat).
340. — Etude pour « Romulus vainqueur d'Acron » ; — dessin. d°
341. — Etude pour « St-Symphorien » ; — dessin. d°
342. — Etude pour « le Vœu de Louis XIII » ; — dessin (1824). d°
343. — Etude pour « l'Apothéose de Napoléon Ier » ; — dessin. d°
344. — Etude pour « les Femmes turques au bain » ; — dessin au lavis de couleur (1819). (App. à M. Bonnat).
345. — Etude pour « Saint-Jean offrant les clefs à Saint-Pierre » ; — dessin. d°
346. — Charles V, régent du royaume, rentrant à Paris après l'expulsion du duc de Bourgogne, est reçu par Jean Maillard des Essarts et Jean Pastourel, échevins; — dessin à la plume avec lavis de sépia et d'encre de Chine. (App. à M. Bonnat).

347. — Philippe V donnant l'ordre de la Toison d'Or au maréchal Berwick, après la bataille d'Almanza ; — dessin à la plume avec lavis de sépia et d'encre de Chine (1819).
348. — Etude pour « Roger et Angélique » ; — dessin aux deux crayons. (App. à M. Bonnat).
349. — Portrait de la sœur de l'artiste; — dessin à la mine de plomb. (App. à M. Closet).
350. — Portrait de femme; — dessin à la mine de plomb. d°
351. — Apothéose d'Homère; — dessin au lavis d'encre de Chine. (App. à M. Guilie).
352. — Philippe V donnant l'ordre de la Toison d'or au maréchal de Berwick après la bataille d'Almanza; — aquarelle. (App. à M. F. Guille).
353. — Portrait de M. Pouhlon; — dessin à la mine de plomb (1817).
354. — Apothéose de l'empereur Napoléon Ier; — lavis d'encre de Chine. (App. à M. Dreyfus).
355. — Tête de vierge; — étude pour « la Vierge à l'hostie » peinte en 1854. (App. à Mme Ed. Garnier).

**ISABEY (Jean-Baptiste),** né à Nancy le 11 avril 1767, mort le 8 avril 1855.

356. — Le « Petit Coblentz » (personnages représentés en charge : Isabey, Vestris, Murat, Garat, Mme Récamier, Bonaparte, Talleyrand) ; — dessin à la plume rehaussé d'aquarelle. (App. à M. H. Lacroix).
357. — Feuille de croquis; — lavis d'encre de Chine. (App. à M. Delestre).
358. — Portrait du Premier Consul; — lavis d'encre de Chine. (App, à M.).
359. — Le Premier Consul et Mme Bonaparte visitant les manufactures de Rouen (1802) ; — dessin à la sépia. (Musée de Versailles. - S. 1804).
360. — L'Empereur et l'Impératrice Joséphine visitant les manufactures de Jouy ; — dessin à la sépia. (Musée de Versailles).
361. — Portrait de Louis-Philippe; — aquarelle. (App. à M. le comte Chandon de Briailles).
362. — Le peintre et sa famille sur la rivière de la Malmaison; — sépia. (App. à Mme Rolle)
363. — Un fils d'Isabey ; — aquarelle. d°
364. — Portrait d'Isabey par lui-même ; — aquarelle. d°
365. — Portrait de l'Impératrice Joséphine ; — esquisse à l'aquarelle. d°
366. — Portrait de Louis XVIII ; — sépia. d°
367. — Portrait du Docteur Duchanay ; — crayon noir. d°
368. — Portrait de Madame la Marquise d'O... ; — esquisse au pastel. d°
369. — Portrait de Madame Isabey ; — aquarelle. (App. à M. Taigny).
370. — Portrait de M. Taigny père. d°

**JACQUE (Charles-Emile),** né à Paris. — ✠.

371. — Roger Bontemps ; — lavis d'encre de Chine et sépia. (Pour les *Chansons de Béranger*).
372. — Jacques; — lavis d'encre de Chine et sépia (Pour les *Chansons de Béranger*). (App. à M. Piat).

**JACQUEMART (Jules-Ferdinand),** né à Tours en 1837, mort à Paris le 28 septembre 1880.

373. — Vue de Menton (cap Martin); — aquarelle.
374. — Etude de femme vue de dos ; — aquarelle. (App. à Mme la baronne Nathaniel de Rothschild).
375. — Marchande d'oranges; — aquarelle. (App. à M. ***).

**JOHANNOT (Tony),** né le 3 novembre 1803, mort à Paris le 4 août 1852.

376. — L'Hiver ; — lavis d'encre de Chine et sépia. (Pour les *Chansons de Béranger*).
377. — Le fils du Pape ; — lavis d'encre de Chine et sépia (1846). (Pour les *Chansons de Béranger*). (App. à M. Piat).
378. — Truands et ribaudes ; — dessin à la sépia. (App. à M. Delestre).

**JOYANT (Jules),** né à Paris le 16 août 1803, mort à Paris le 6 juillet 1854.

379. — Intérieur de la cour du Palais Ducal à Venise ; — sépia. (App. à M. Bonnat).

**LALANNE (Maxime),** né à Bordeaux le 27 novembre 1827, mort à Paris le 6 août 1886.

380. — Rue Jean-de-Beauvais. — Vue prise des Halles centrales. — Rue de la Montagne-Sainte-Geneviève. — Maison en démolition. — Vue d'un pont de la Seine. — Démolition de la rue de l'Homme-Armé ; — six dessins à la mine de plomb.

381. — Le quai de Baccalan à Bordeaux ; — fusain.
382. — Vue de Paris : l'Exposition universelle de 1867 ; — fusain.
383. — Bordeaux : la place des Quinconces ; — fusain.
384. — Vues de Normandie ; — quatre dessins à la mine de plomb.
385. — Château de Beauregard ; — fusain.
386. — Vue de Paris ; — fusain.

**LAURENS (Jean-Paul),** né à Fourquevaux (Haute-Garonne). — O. ✵.

387. — Six dessins pour l'*Imitation de Jésus-Christ*. (App. à M. Perrein - S. 1876).
388. — Six dessins pour l'*Imitation de Jésus-Christ*. d° (S. 1876).

**LEBARBIER (Jean-Jacques-François),** né à Rouen le 11 novembre 1738, mort à Paris le 7 mai 1826.

389. — Composition allégorique pour un plafond ; — aquarelle. (App. à M. Laroix).

**LEHMANN (Henri),** né à Kiel, le 14 avril 1814, naturalisé Français, mort en 1882.

390. — Triptyque ; — dessin. (App. à M. Henry Jouin).

**LEMUD (Aimé de),** né à Thionville (Meuse) mort à Nancy en 1888.

391. — « Les Étoiles qui filent » ; — lavis d'encre de Chine et sépia.
392. — « Les Souvenirs du peuple » ; — lavis d'encre de Chine.
(Pour les *Chansons de Béranger*. — App. à M. Piat).

**LEPRINCE (Xavier),** né à Paris le 18 août 1799, mort à Nice le 24 décembre 1826.

393. — Portrait d'acteur (costume de Bajazet) ; — lavis d'encre de Chine (1822).
(App. à M. Delestre).

**LESPINASSE (Louis-Nicolas Le Chevalier),** né à Pouilly (Nièvre) en 1734, mort en 1804.

394. — Entrée du jardin des Tuileries ; — dessin. (Musée de Versailles).

**LHERMITTE (Léon-Augustin),** né à Mont-Saint-Père (Aisne). — ✵.

395. — La fête des archers ; — fusain. (App. à M. Ch. Hayem).
396. — Le Charpentier.

**MAILLOT (Théodore),** né à Paris le 30 juillet 1826, mort le 25 juin 1888.

397. — Esquisse de la coupole du Palais de la Légion d'honneur ; — dessin.
(App. à M. Michelet).
398. — Décoration de la Chapelle Ste-Geneviève au Panthéon ; — trois cartons. d°

**MANET (Edouard),** né à Paris en 1833, mort le 30 avril 1883.

399. — Espagnol jouant de la guitare ; — aquarelle. (App. à M. Antonin Proust).
400. — Portrait de M. C. Guys ; — pastel (1880). (App. à M. Ignace Ephrussi).
401. — Portrait d'homme (esquisse) ; — dessin rehaussé de peinture à l'huile.
(App. à M^me Manet).
402. — Femme couchée ; — pastel. d°

**MARÉCHAL (Charles-Laurent),** né à Metz en février 1801, mort le 20 janvier 1887.

403. — Le Loisir ; — pastel. (App. à Mlle Maréchal).

**MARILHAT (Prosper),** né à Thiers (Puy-de-Dôme), le 20 mars 1811, mort à Thiers le 13 septembre 1847.

404. — Le port de Rhodes ; — dessin à la mine de plomb. (App. à M. Chéramy).
405. — La caravane ; — aquarelle. (App. à M. Bonnat).
406. — Vue prise en Egypte ; — dessin à la mine de plomb. (App. à M. Etienne Arago).

**MEISSONIER (Jean-Louis-Ernest),** membre de l'Institut, né à Lyon — G. O. ✵.

407. — L'Allée ; — aquarelle.
408. — Le Fumeur ; — dessin.
409. — Le Reître ; — dessin.

410. — L'Aubergiste ; — dessin.
411. — Neuf croquis ; — dessins.
412. — Huit croquis ; — dessins.
413. — Etude d'artilleur ; — dessin.

**MILLET (Jean-François),** né à Gréville (Manche) le 4 octobre 1814, mort à Barbizon en 1875.

414. — La ferme de l'Ardoisière ; — dessin à la plume relevé d'aquarelle. (App. à M. Chéramy).
415. — La précaution maternelle ; — dessin. d°
416. — Les soins maternels ; — dessin. (App. à M. Bellino).
417. — Les porteuses d'eau ; — dessin. (App. à M. H. Vever).
418. — Etude de femme vue de dos ; — dessin. (App. à M. H. Rouart).
419. — Phœbus et Borée ; — dessin relevé de pastel. d°
420. — La bergère ; — dessin. d°
421. — La fuite en Egypte ; — dessin. d°
422. — Paysanne assise ; — dessin. d°
423. — Le bouquet de marguerites ; — pastel. d°
424. — La veillée ; — dessin. (App. à M. Tabourier).
425. — La bouillie ; — dessin. d°
426. — Chevrière auvergnate ; — pastel. (App. à M. le comte Doria).
427. — Berger gardant son troupeau ; — dessin. (App. à Mme Borel).
428. — Le retour au village ; — dessin. d°
429. — Le Semeur ; — pastel. (App. à M. Herz).
430. — La fin de la journée ; — pastel. (App. à M. E. May).
431. — Berger et son troupeau ; — pastel. d°
432. — Le vigneron ; — pastel. d°
433. — La méridienne ; — pastel. d°
434. — La gardeuse d'oies ; — pastel. d°
435. — La plaine ; — pastel. d°
436. — L'Angelus ; — pastel. (App. à Mme Rœderer).
437. — La balayeuse ; — pastel. d°
438. — L'enfant malade ; — pastel. d°
439. — La bergère ; — pastel. d°
440. — Troupeau de moutons à la lisière d'un bois ; — pastel d°
441. — Femme menant boire une vache ; — pastel. d°
442. — La baratteuse ; — pastel. (Musée de Luxembourg).
443. — Le briquet ; — pastel. (App. à M. Vasnier).
444. — Bergères regardant passer un vol d'oies sauvages ; — pastel. (App. à M. Guyotin).

**MILLET (Frédéric),** né à Charliers (Loire) en 1786, mort en 1859.

445. — Portrait d'Atoch, paysagiste ; — dessin. (App. à M. Chabouillet).
446. — Le Botteleur ; — pastel. (App. à M. Victor Desfossés)
447. — Petite fille separant des oies ; — aquarelle. d°

**MOITTE (François-Auguste),** vers 1790.

448. — Portrait de femme ; — dessin au crayon noir rehaussé de gouache. (App. à M. Groult).

**MONNIER (Henri),** né à Paris le 8 juin 1805, mort le 3 janvier 1877.

449. — « Je maintiens mon dire, si Bonaparte fût resté lieutenant d'artillerie, il serait encore sur le trône » (1870) ; — aquarelle avec traits de plume. (App. à M. Sedille).
450. — « Avant l'ouverture du testament » ; — aquarelle avec traits de plume. (App. à M. Théodore Bullier).

**MOREAU (Jean-Michel, dit MOREAU le Jeune),** né à Paris en 1741, mort à Paris le 30 novembre 1814.

451. — Fête égyptienne ; — dessin à la plume lavé d'encre de Chine (1791).
452. — Fête égyptienne ; — dessin à la plume lavé d'encre de Chine (1793). (App. à M. Féral).

453. — Le prince de Lambesc à la tête du Royal-Allemand aux Tuileries ; — dessin à la plume lavé de sépia (1789). (App. à M. le comte de Greffulhe).
454. — Croquis de femme ; — crayon. (App. à M. Delestre).

**NANTEUIL (Célestin),** né à Rome, de parents français, le 11 juillet 1813, mort en 1873.

455. — La fuite en Egypte ; — aquarelle. (App. à M^lle H. Beraldi).
456. — Don Quichotte ; — dessin. (App. à M. Lemaire)

**NEUVILLE (Alphonse-Marie de),** né à Saint-Omer en juin 1835, mort à Paris le 19 mai 1885.

457. — Cimetière de St-Privat ; — dessin à la plume lavé d'encre de Chine (1881).
458. — Officier prussien ; — aquarelle (1884).
459. — Chasseur à pied, clairon ; — aquarelle (1884).
460. — Destruction du télégraphe ; — dessin à la plume.
461. — 18^e Lanciers, Bengale. — Dragons prussiens. — 28^e d'infanterie, Bengale. — Dragons et chasseurs français. — Croquis militaires ; — cinq dessins à la plume
462. — Un officier d'état-major ; — aquarelle.
463. — Officier tué ; — dessin à la plume.
464. — Le Bourget ; — dessin à la plume lavé d'encre de Chine.
465. — Souvenirs des plâtreries ; — dessin à la plume.
466. — 42^e Highlanders ; — dessin à la mine de plomb. (App. à M^me de Neuville)

**PAGNEST (Amable-Louis-Claude),** né à Paris le 9 juin 1790, mort à Paris le 25 mai 1819.

467. — Etude pour le portrait de M. de Nanteuil-Lanorville ; — dessin à la plume relevé de couleur. (App. à M. Jules Ferry)
468. — Esquisse du portrait de la mère du graveur Forster ; — esquisse. (App. à M^me Martinet)

**PENGUILLY-L'HARIDON (Octave),** né à Paris le 4 avril 1811, mort à Paris en 1872.

469. — « Le petit Homme rouge » ; — lavis d'encre de Chine et de sépia. (Pour les *Chansons de Béranger*).
470. — « La descente aux Enfers » ; — lavis d'encre de Chine et de sépia (1845). Pour les *Chansons de Béranger*). (App. à M. Piat).

**PRADIER (James),** sculpteur, né à Genève, de parents français, le 23 mai 1792 ; mort à Bougival le 4 juin 1842.

471. — Portrait de l'artiste, de sa mère et de son frère ; — dessin (signé et daté 1817). (App. à M. Bonnat).

**PRUD'HON (Pierre),** né à Cluny le 4 avril 1758, mort à Paris le 16 février 1823.

472. — L'automne ; — dessin. (App. à M. E. Marcille).
473. — Le coup de patte du chat ou les peines que l'Amour nous cause ; — dessin. d°
474. — Joseph et la femme de Putiphar ; — dessin. d°
475. — La famille malheureuse ; — dessin. d°
476. — Innocence et amour ; — dessin. d°
477. — Délivrance d'Anzia ; — dessin. d°
478. — L'amour ; — pastel. d°
479. — Deux études de femmes ; — dessins. d°
480. — Le Génie et l'Etude ; — dessin. d°
481. — Apollon et les Muses ; — cinq dessins. d°
482. — Minerve unit la Loi avec la Liberté qui appelle à cette union la Nature avec tous ses droits ; — dessin. (App. à M. E. Marcille).
483. — Entrevue des trois Empereurs. (App. à M. Tabourier).
484. — Joseph et la femme de Putiphar ; — dessin. d°
485. — La Vengeance divine ; — dessin étude pour le tableau de la *Justice et la Vengeance divine poursuivant le crime* ; — dessin. (App. à M. Bonnat).
486. — Danse d'Amours ; — dessin. (App. à M. Jules Ferry).
487. — La Vigilance ; — dessin. (App. à M. Etienne Arago).

488. — Modèle de carte d'invitation pour une représentation de l'Opéra ; — dessin. (App. à Mme L. de Moulignon).
489. — Les quatre Saisons ; — dessin. (Musée de Châteauroux)
490. — Un archevêque donnant la bénédiction ; — dessin rehaussé de pastel. d°
491. — Deux officiers autrichiens ; — dessin rehaussé de pastel. d°
492. — Bailli présentant sur un coussin les clefs d'une ville ; — dessin rehaussé de pastel. (Musée de Châteauroux).
493. — Femme regardant un oiseau ; — dessin. (App. à Mme Charras).
494. — Le petit pleureur ; — dessin. (App. à M. Scheurer-Kestner.

**PREVOST (Jean-Louis),** né vers 1750, mort vers 1815.

495. — Portrait d'un citoyen de l'an IX ; — lavis d'encre de Chine. (App. à M. Delestre).

**PUVIS DE CHAVANNES (Pierre),** né à Lyon. — O. ✻.

496. — « L'an 732, Charles Martel sauve la chrétienté par sa victoire sur les Sarrazins, près Poitiers » ; — quatre études pour les peintures de l'Hôtel-de-Ville de Poitiers. (S. 1874).

**RAFFAELLI (Jean-François),** né à Paris. — ✻.

497. — Les petits ânes ; — aquarelle gouachée. (App. à M. Antonin Proust).

**RAFFET (Denis-Auguste-Marie),** né à Paris le 2 mars 1804, mort à Gênes le 16 février 1860.

498. — Revue de cavalerie passée par l'Empereur et l'Impératrice de Russie ; — aquarelle (1837). (App. à M. H. Meilhac).
499. — Tambour autrichien; — gouache. (App. à M. E Bellangé).
500. — Projet de frontispice pour un *Voyage en Espagne* ; — dessin à l'encre de Chine (1847). (App. à Mme Raffet).
501. — Journées de la Révolution; — dix dessins à la sépia.
502. — Entrée des Français en Italie; — dessin à la mine de plomb. (App. à M. Cain).

**REDOUTÉ (Pierre-Joseph),** né à Saint-Hubert le 10 juillet 1759, mort à Pau le 19 juin 1840.

503. — Bouquet de fleurs; — aquarelle. (App. à M. Gagnière°).

**REGAMEY (Guillaume),** né à Paris le 22 septembre 1837, mort le 3 janvier 1875.

504. — Le Tombereau ; — dessin. (App. à M. F. Régamey).
505. — Zouaves en marche ; — dessin. d°

**REGNAULT (Henri),** né à Paris le 30 octobre 1843, tué au combat de Buzenval le 19 janvier 1871.

506. — Portrait de M. Ch. Fouques-Duparc; — dessin (1867).
507. — Portrait de Mme Ch. Fouques-Duparc; — dessin (1867).
508. — Portrait de Mme L...; — dessin (1867). (App. à M. Arthur Fouques-Duparc).

**RIBOT (Théodule),** né à Breteuil (Eure). — O. ✻.

509. — Portrait de l'artiste; — dessin. (App. à M. Hustin)
510. — Têtes d'enfants; — lavis d'encre de Chine. (App. à Jean Dolent).
511. — La Marie Henry. — Tête de femme de pêcheur; — Barque de pêche; — La pêche; — dessins à la plume avec lavis d'encre de Chine. (App. à M. Armand Schiller).

**ROBERT (Hubert),** né à Paris le 22 mai 1733, mort à Paris le 15 avril 1808.

512. — Le Petit Pont et les Tours Notre-Dame ; — dessin à la sanguine.
513. — Les lavandières; — dessin à la sanguine. (App. à M. Delestre).

**ROBERT-FLEURY (Joseph-Nicolas),** membre de l'Institut, né à Paris. — C. ✻.

514. — Intérieur d'écurie; — sépia (1829).
515. — La mort de Luther; — aquarelle. (App. à M. Bonnat).

**ROTHSCHILD (Mme la baronne Nathaniel de),** née à Paris.

516. — Vue prise aux environs d'Amsterdam ; — aquarelle. (Musée d'Orléans. - S. 1868).
517. — Les laveuses de Vitré; — aquarelle.

**ROUSSEAU (Théodore),** né à Paris, le 15 avril 1812, mort à Barbizon, le 22 décembre 1867.

518. — Plaine avec un canal dans les Landes; — dessin. (App. à M. H. Rouart).
519. — Etude d'arbres; — lavis d'encre de Chine. (App. à M. Antonin Proust).
520. — Le dormoir; — lavis d'encre de Chine. (App. à M. Gosselin).
521. — Chênes; — lavis d'encre de Chine. (App. à Mme Charras).

**RUDE (Francois),** né à Dijon le 4 janvier 1784, mort à Paris le 3 novembre 1855.

522. — La Poésie lyrique ; — dessin pour le « Prométhée animant les Arts » qui est au Corps Législatif. (App. à M. E. Mantz).

**SAINT (Daniel),** né à Saint-Lô en 1778, mort à Saint-Lô le 23 mai 1847.

523. — Portrait de Mme ***; — aquarelle. (App. à M. Delestre).
524. — Portrait; — aquarelle. (App. à M. Gabriel Jarre).
525. — Portrait de femme; — dessin à la sanguine et au crayon noir. (App. à M. le Dr Piogey).
526. — Portrait de femme; — aquarelle. (App. à M. Poirson).

**SCHEFFER (Ary),** né à Dordrecht en 1795, mort à Argenteuil le 15 juin 1858.

527. — Sainte-Monique et Saint-Augustin; — dessin. (App. à Mme la comtesse de Waldner).

**SÉCHAN (Polycarpe-Charles),** né à Paris le 24 juin 1803, mort le 24 septembre 1874.

528. — Maison du XVe siècle, à Rouen ; — dessin à la mine de plomb. (App. à M. C. Diéterle).

**SERGENT-MARCEAU (Antoine-François),** membre de la Commune de Paris et député de la Convention, né à Chartres, le 9 octobre 1751, mort à Nice le 24 juillet 1847.

529. — Portrait de Mme Sophie Leprestre Bernier de Chateaugiron, femme de l'ambassadeur de la République française près S. M. l'empereur de Russie ; — dessin rehaussé d'aquarelle (an VI). (App. à Mme Philippe Gille).

**SCHNETZ (Jean-Victor),** né à Versailles le 14 avril 1787, mort le 16 mars 1870.

530. — Étude pour « le Vœu de la Madone » ; — dessin. (App. à M. Guillaume).

**SWEBACH (Jacques-François-Jose),** né à Metz le 19 mars 1769, mort à Paris le 10 décembre 1823.

531. — Soupers fraternels dans les sections de Paris, les 11, 12 et 18 mai 1798 ; — dessin à la plume lavé d'encre de Chine. (App. à M. H. Lacroix).
532. — Reprise de Toulon ; — encre de Chine. (App. à M. de Chennevières). (Voir BRUANDET).

**TAUNAY (Nicolas-Antoine),** né à Paris le 11 février 1755, mort à Paris le 30 mars 1830.

533. — Fête champêtre en Italie ; — aquarelle. (App. à M. H. Lacroix).
534. — La réprimande ; — sépia. (App. à M. de Chennevières).

**TROYON (Constant),** né à Sèvres le 28 août 1810, mort à Paris le 20 mars 1

535. — Vache au repos ; — pastel. (App. à M. Donatis).

**VERNET (Carle),** né à Bordeaux le 14 août 1758, mort à Paris le 28 novembre 1836.

536. — Le pesage, — lavis d'encre de Chine et de la sépia.
537. — L'arrivée ; — lavis d'encre de Chine. (App. à M. Philippe Lacroix)

**538.** — Cosaque ; — aquarelle, (App. à M. Delaroche-Vernet).
**539.** — Episode de la campagne d'Italie ; — sépia (an XII).
(App à M. le comte de Waldner).
**540.** — Chasse dans un parc ; — dessin à la plume lavé de couleur. (App. à M. Bercy)

**VERNET (Horace)**, né à Paris le 30 juin 1789, mort à Paris le 17 janvier 1863.

**541.** — Croquis militaires ; — trente-six dessins et aquarelles.
**542.** — Croquis militaires ; — quinze dessins et aquarelles.
(App. à Mme Gaston Pâris).

**VERNIER (Emile-Louis)**, né à Lons-le-Saulnier en 1831, mort en 1887.

**543.** — Retour des bateaux à Concorneau (Finistère) ; — aquarelle. (S. 1885).
**544.** — Paysage de Raphaël (Var) ; — aquarelle. (S. 1883).
**545.** — Vieilles maisons à Salins (Jura) ; — aquarelle. (S. 1883).

**VIEN (Joseph-Marie)**, né à Montpellier le 18 juin 1716, mort à Paris le 27 mars 1809.

**546.** — Le triomphe de la République ; — dessin à la plume lavé d'encre de Chine.
(App. à M. de Chennevières).

**VINCENT (François-André)**, né à Paris le 30 décembre 1746, mort à Paris le 3 août 1816.

**547.** — Portrait de Théroigne de Méricourt ; — dessin rehaussé de pastel.
(App. à M. Quasnika).

**VOLLON (Antoine)**, né à Lyon. — O. ✱.

**548.** — Le bassin de Neptune ; — fusain. (App. à M. G. Cain).

**WATTEAU (Louis-Joseph, dit WATTEAU de LILLE)**, né à Valenciennes le 10 avril 1731, mort à Lille le 18 août 1798.

**549.** — Modes du Directoire ; — dessins. (App. à Mme d'Utruy).
**550.** — Modes du Directoire ; — dessins. do
**551.** — Dessins de mode ; — neuf dessins. (App. à M. Jules Lenglart).
**552.** — Scènes diverses ; — neuf dessins au crayon et à la sanguine. do

**WATTEAU (François-Louis-Joseph)**, né à Valenciennes le 18 août 1758, mort à Lille le 1er décembre 1823.

**553.** — Conversation dans un jardin ; — aquarelle. (App. à M. Jules Lenglart).

**YVON (Adolphe)**, né à Eschwiller (Haut-Rhin). — O. ✱.

**554.** — La Colère ; — dessin. (S. 1848)
**555.** — La Luxure ; — dessin. (Musée du Havre. - 1848).

**ZIEM (Félix)**, né à Beaune Côte-d'Or). — O. ✱.

**556.** — Les Martigues ; — aquarelle.
**557.** — Venise ; — lavis d'encre de Chine.
**558.** — Vue de Hollande (étude d'arbres) ; — dessin à la plume et au crayon.

## III.

## Miniatures et Éventails.

**ANASTASI (Auguste-Paul-Charles),** né à Paris le 15 novembre 1820, mort en 1889.

1. — Terrasse d'un palais en Italie ; — éventail. (App. à Mme la Comtesse de Lancez).

**AUBRY (Louis-François),** né à Paris le 27 février 1767, mort le 18 juin 1857.

2. — Portrait d'Isabey. (App. à Mme Detrimont).

**AUGUSTIN (Jean-Baptiste-Jacques),** né à St-Dié le 15 août 1759, mort à Paris, le 13 avril 1832.

3. — Portrait de femme. (App. à M. Taigny).
4. — La Comtesse de Lariboisière.
5. — Le Comte Roy, Ministre des finances sous la Restauration ; — petite miniature. (App. à M. le Comte de Lariboisière).
6. — Petite miniature. (App. à M. le Comte de Lariboisière).
7. — Portrait de Mme de Montgolfier. (App. à M. Tissandier).

**BESSON (Faustin),** né à Dôle, le 15 mars 1821.

8. — L'Été ; — éventail. (App. à M. Duvelleroy).

**BOSSELMANN.** — A exposé aux Salons de 1802, 1806, 1810, 1812, 1819

9. — Portrait de femme. (App. à M. Taigny).

**BOULANGER (Clément),** né à Paris, en 1805, mort à Magnésie (Asie-Mineure), le 28 septembre 1842.

10. — Les noces de Cana ; — éventail. (App. à Mme la Duchesse de Chartres).

**BOURGEOIS (Charles-Guillaume-Alexandre),** né à Amiens le 16 décembre 1759, mort à Paris, le 7 mai 1832.

11. — Portrait du peintre David. (App. M. Ant. Isambert).

**CHAPLIN (Charles),** né aux Andelys (Eure). de parents anglais, naturalisé Français.— O. ✵.

12. — Ronde d'Amours ; — éventail. (App. à M. Duvelleroy).

**COMPTE-CALIX (François-Claudius),** né à Lyon le 23 août 1813, mort le 29 juillet 1880.

13. — Histoire d'amour ; — éventail.

**DOUCET-SURINY (Mme, née GLAESNER),** née à Lyon.— A exposé en 1793, 1795, 1796, 1800, 1806.

14. — Portrait de femme. (App. à Mme ***).

**DROZ (Jean-Pierre),** né à La Chaux-de-Fonds (Suisse), en 1746, naturalisé Français, mort à Paris en 1823.

15. Portrait à la cire. (App. à Mme Levol).

**DUCHESNE (Jean-Baptiste-Joseph de Gisors),** né le 8 décembre 1870, mort en décembre 1885.

16. — Le Dr Corvisart. (App. à Mme Rolle).

**FÉROGIO (François-Fortuné-Antoine),** né à Masseille le 2 avril 1805, mort en 1885.

17. — Départ pour la chasse.
18. — L'Amour montrant la lanterne magique ; — éventail. (App. à M. Duvelleroy)

**GARNIER (Clément-Firmin),** né à Paris.

19. — Groupe d'Amours ; — éventail. (App. à Mme la Comtesse de Lancey).

**GAVARNI (Guillaume-Sulpice CHEVALIER,** dit), né à Paris le 13 janvier 1804, mort à Paris le 23 novembre 1866.

20. — Portrait de Mme Feydeau ; — miniature. (App. à M. H. Meilhac).
21. — Un bal vénitien ; — éventail. (App. à M. Frédéric Hébert).

**GLAIZE (Auguste-Barthélémy),** né à Montpellier.

22. — Les cerises ; — éventail. (App. à Mme la duchesse de Chartres).
23. — La leçon de Minerve ; — éventail. (App. à M. Duvelleroy).

**GUÉRIN (Jean),** né à Strasbourg en 1768, mort à Obernaz le 8 octobre 1836.

24. — Portrait de Rouget de Lisle.
25. — Portrait de Kléber. (App. à M. Scheurer-Kestner).
26. — Le roi Murat. (App. à M. le comte de Lariboisière).
27. — Mlle de Meneval (1817). (App. à M. le baron de Meneval).
28. — Mlle Nanci Levol (1818).
29. — M. L*** (1818). (App. à M. Gaston Nambert).

**HAMON (Jean-Louis),** né à Plouah (Côtes-du-Nord), le 5 mai 1821, mort en 1874.

30. — L'Activité conduisant la Gloire et l'Amour ; — éventail. (App. à Mme la duchesse de Chartres).

**INCONNUS.**

31. — Quinze miniatures de la fin du XVIIIe siècle. (App. à M. Groult).
32. — Quinze miniatures de la fin du XVIIIe siècle. do
33. — Portrait de Mlle Mars. (App. à Mme Roger-Marx).
34. — Le baron de Meneval. (App. à M. le baron de Meneval).
35. — Six éventails ; — époque Louis XVI. (App. à M. Ernest Blum).
36. — Deux éventails ; — époque Louis XVI.
37. — Deux éventails ; — Empire. (App. à Mme Cosson).
38. — Deux éventails ; — 1790.
39. — Deux éventails ;— Empire. (App. à M. Duvelleroy).
40. — Portrait de M. Lavallée, graveur, secrétaire-général de l'Administration des Musées en 1816. (App. à Mlle Duchâtelet).
41. — Traversée de la Manche en ballon. (App. à M. Tissandier).
42. — Ascension de Teste-Brissy, à Belleville, près Paris, le 20 octobre 1797. (App. à M. Tissandier).

**ISABEY (Jean-Baptiste),** né à Nancy le 11 avril 1767, mort le 8 avril 1855.

43. — Portrait de Napoléon Ier. (App. à Roche-Sautier).
44. — Portrait de Mme ***.
45. — Portrait de Mme ***. (App. à M. Heine).
46. — Table dite des *Maréchaux* ; — miniatures sur une plaque de porcelaine de Sèvres.
47. — La marquise d'O... (App. à Mme Rolle).
48. — La mère d'Isabey.
49. — L'impératrice Joséphine.
50. — L'empereur Napoléon Ier.
51. — Inconnu.
52. — Houdon.
53. — Portrait de Mme de F... (App. à Mme de Foville).
54. — Les deux fils du roi Murat.
55. — Le roi de Rome.
56. — Isabey. (App. à M. Taigny).
57. — Napoléon Ier. (App. à M. le baron de Meneval).
58. — Paysage ; — fumé. (App. à Mme Leval).
59. — Portrait de M. Lacoste. (App. à Mlle B. Pierron).

**JACQUES (Nicolas),** né à Jarville (Meurthe) en 1780), mort à Paris le 21 mars 1844.

60. — Portrait de femme. (App. à M. Poirson).

**LAMI (Eugène-Louis)**, né à Paris, — O. ✻.

61. — Arlequin et Colombine ; — éventail. (App. à Mme la duchesse de Chartres).

**LAPOTER (Mme Antonine**, née **CHÉREAU)**, née aux Riceys (Aube).

62. — Rachel. (App. à Mme Chéreau. - S. 1850).

**LASALLE (Émile)**, né à Bordeaux en 1813.

63. — La visite aux pauvres ; — éventail. (App. à M. Duvelleroy).

**LANGLOIS (Jérôme)**, né à Paris en 1779, mort en 1838.

64. — Portrait d'homme. (App. à M. Poirson).

**LELOIR (Alexandre-Louis)**, né à Paris.

65. — Orchestre féminin ; — éventail. (App. à Mme Georges Petit).

**MILLET (Frédéric)**, né à Charliers (Loire) en 1786, mort en 1859.

66. — Sept portraits ; — miniatures :
1. Portrait de l'auteur (1808) ; 2. Mme E. Millet (1817) ; 3. M. Wilhem (1826) ; 4. M. Picard (1826) ; 5. M. du Sommerard (1827) ; 6. M. Bouton (1828) ; 7. Portrait du fils de l'auteur (1833).
(App. à Mme du Sommerard et MM. Cuvillier, Wilhem, Picard, Chabouillet, Aimé Millet).

**MIRBEL (Mme Lizinska de**, née **RUE)**, née à Cherbourg le 26 juillet 1796, morte à Paris le 29 août 1849.

67. — Portrait de femme. (App. à M. Poirson).
68. — Le Duc de Fitz-James (1820).
69. — Le Duc d'Orléans (1840). (App. à Mme Chereau).

**PAULINIER (Mme Athénaïs**, née **LE BARBIER DE TINAN)**, née en 1799, morte en mars 1889.

70. — Portrait de l'artiste. (App. à M. G. Jarre).

**ROUSSEAU (Philippe)**, né à Paris le 22 février 1816, mort en 1875.

71. — Fables de la Fontaine : Le Chien qui lâche sa proie pour l'ombre ; — Le Renard et la Cigogne ; — Le Loup et l'Agneau ; — Eventail (1867).
(App. à Mme la Comtesse de Lancey).

**SAINT (Daniel)**, né à Saint-Lô en 1778, mort le 23 mai 1847.

72. — Portrait de M. *** (App. à Mme Chereau).

**SAVIGNAC**

73. — Ascension de Montgolfier à Versailles. (App. à M. Tissandier).

**SICARD (Louis**, dit **SICARDI)**, né à Avignon vers 1760, mort à Paris le 18 juillet 1825.

75. — Portrait de Mme D.... (App. à Mme Dinomard).

**VOILLEMOT (André-Charles)**, né à Paris en 1823.

77. — La plaine de Mars ; — éventail. (App. à M. Duvelleroy).

**WATTIER (Emile)**, né à Paris en novembre 1800, mort à Paris le 22 novembre 1868.

76. — L'Amour vaincu ; — éventail. (App. à M. Ernest Blum).

## IV.

## Sculpture.

**BARRE (Jean-Auguste)**, né à Paris. — ✻.

1. — Marie Taglioni ; — statuette bronze (1837)
2. — Fanny Essler ; — statuette bronze (1837).
3. — Amany ; — statuette bronze (1838).
4. — Rachel ; — statuette bronze (1847).

**BARYE (Antoine-Louis)**, né à Paris le 24 septembre 1796, mort à Paris en 1875.

5. — Lion étouffant un boa ; — moulage. (S 1832).
(L'original en bronze est dans le jardin des Tuileries).
6. — Jaguar et Lièvre ; — moulage. (S. 1852).
(L'original est au Musée du Louvre).
7. — Jaguar dévorant un lièvre ; — bronze. (App. à M. Bonnat. - S. 1851).
8. — Panthère saisissant un cerf ; — bronze. (App. à M. Bonnat).
9. — Tigre surprenant un cerf ; — bronze. (App. à M. Bonnat).
10. — Thésée combattant le Minotaure ; — bronze. (App. à M. Bonnat).
11. — Thésée combattant le centaure Biennor ; — bronze. (App. à M. Bonnat. - S. 1851).
12. — Le Général Bonaparte ; — statue équestre, bronze. (App. à M Barbedienne).
13. — La Guerre.
14. — La Paix.
15. — La Force protégeant le Travail.
16. — L'Ordre.
(Modèles en bronze de quatre figures décoratives des pavillons Mollien et Denon dans la cour du Louvre). (App. à M. Barbedienne).
17. — Grand lion des Tuileries ; — modèle en bronze. (App. à M. Barbedienne).
18. — Lion des Tuileries (réduction) ; — bronze. (App. à M. Bonnat).

**BAUJAULT (Jean-Baptiste)**, né à La Crèche (Deux-Sèvres). — ✻.

19. — Le premier miroir ; — statue, marbre. (M. I. P. et B. A. - S. 1873).

**BECQUET (Just.)**, né à Besançon.

20. — Ismaël ; — moulage. (S. 1877).
(L'original en marbre est au Musée du Luxembourg).

**BONNASSIEUX (Jean)**, membre de l'Institut, né à Pannissière (Loire). — ✻.

21. — Un Amour se coupant les ailes ; — statue en bronze.
(App. à M. Bonnassieux. - S. 1841).

**BOSIO (François-Joseph)**, né à Monaco le 19 mars 1768.

22. — Henri IV enfant ; — statue, marbre. (Musée de Versailles. - S. 1824).
23. — La Nymphe Salmacis. (S. 1837).
(Moulage de la statue en marbre appartenant au Musée du Louvre).
24. — Le duc d'Enghien ; — statue marbre. (Musée de Versailles. - S. 1817).

**BRIAN (Jean-Louis)**, né à Avignon le 15 novembre 1805, mort à Paris en 1864.

25. — Mercure ; — statue inachevée en bronze.
(Le plâtre a figuré au Salon de 1864).

**CAMBOS (Jean)**, né à Castres. — ✻.

26. — La femme adultère ; — statue, plâtre. (S. 1866).

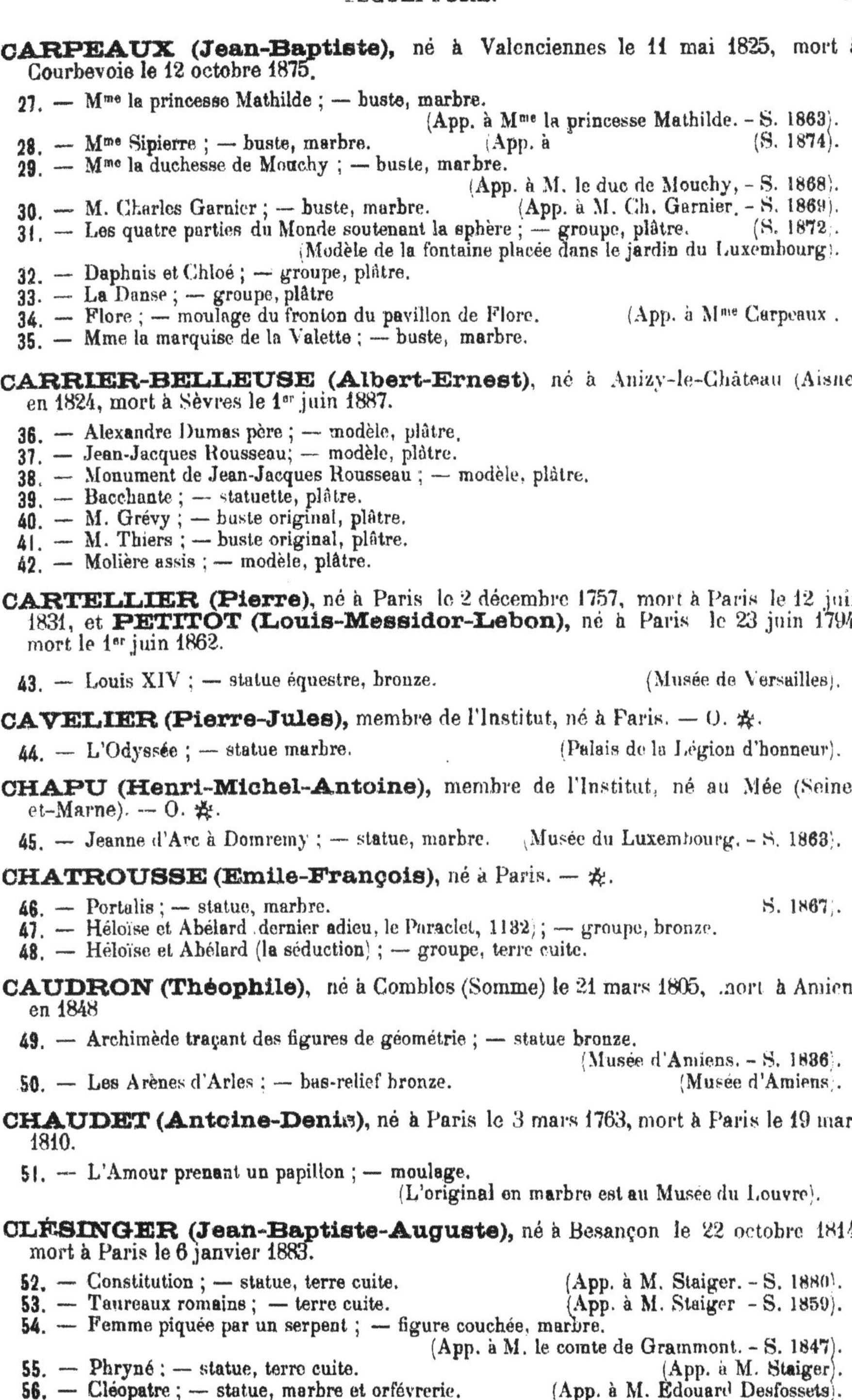

**CARPEAUX (Jean-Baptiste),** né à Valenciennes le 11 mai 1825, mort à Courbevoie le 12 octobre 1875.

27. — Mme la princesse Mathilde ; — buste, marbre. (App. à Mme la princesse Mathilde. - S. 1863).
28. — Mme Sipierre ; — buste, marbre. (App. à (S. 1874).
29. — Mme la duchesse de Mouchy ; — buste, marbre. (App. à M. le duc de Mouchy, - S. 1868).
30. — M. Charles Garnier ; — buste, marbre. (App. à M. Ch. Garnier. - S. 1869).
31. — Les quatre parties du Monde soutenant la sphère ; — groupe, plâtre. (S. 1872). (Modèle de la fontaine placée dans le jardin du Luxembourg).
32. — Daphnis et Chloé ; — groupe, plâtre.
33. — La Danse ; — groupe, plâtre
34. — Flore ; — moulage du fronton du pavillon de Flore. (App. à Mme Carpeaux).
35. — Mme la marquise de la Valette ; — buste, marbre.

**CARRIER-BELLEUSE (Albert-Ernest),** né à Anizy-le-Château (Aisne) en 1824, mort à Sèvres le 1er juin 1887.

36. — Alexandre Dumas père ; — modèle, plâtre.
37. — Jean-Jacques Rousseau; — modèle, plâtre.
38. — Monument de Jean-Jacques Rousseau ; — modèle, plâtre.
39. — Bacchante ; — statuette, plâtre.
40. — M. Grévy ; — buste original, plâtre.
41. — M. Thiers ; — buste original, plâtre.
42. — Molière assis ; — modèle, plâtre.

**CARTELLIER (Pierre),** né à Paris le 2 décembre 1757, mort à Paris le 12 juin 1831, et **PETITOT (Louis-Messidor-Lebon),** né à Paris le 23 juin 1794, mort le 1er juin 1862.

43. — Louis XIV ; — statue équestre, bronze. (Musée de Versailles).

**CAVELIER (Pierre-Jules),** membre de l'Institut, né à Paris. — O. ✵.

44. — L'Odyssée ; — statue marbre. (Palais de la Légion d'honneur).

**CHAPU (Henri-Michel-Antoine),** membre de l'Institut, né au Mée (Seine-et-Marne). — O. ✵.

45. — Jeanne d'Arc à Domremy ; — statue, marbre. (Musée du Luxembourg. - S. 1863).

**CHATROUSSE (Emile-François),** né à Paris. — ✵.

46. — Portalis ; — statue, marbre. (S. 1867).
47. — Héloïse et Abélard (dernier adieu, le Paraclet, 1132) ; — groupe, bronze.
48. — Héloïse et Abélard (la séduction) ; — groupe, terre cuite.

**CAUDRON (Théophile),** né à Comblos (Somme) le 21 mars 1805, mort à Amiens en 1848

49. — Archimède traçant des figures de géométrie ; — statue bronze. (Musée d'Amiens. - S. 1836).
50. — Les Arènes d'Arles ; — bas-relief bronze. (Musée d'Amiens).

**CHAUDET (Antoine-Denis),** né à Paris le 3 mars 1763, mort à Paris le 19 mars 1810.

51. — L'Amour prenant un papillon ; — moulage. (L'original en marbre est au Musée du Louvre).

**CLÉSINGER (Jean-Baptiste-Auguste),** né à Besançon le 22 octobre 1814, mort à Paris le 6 janvier 1883.

52. — Constitution ; — statue, terre cuite. (App. à M. Staiger. - S. 1880).
53. — Taureaux romains ; — terre cuite. (App. à M. Staiger - S. 1859).
54. — Femme piquée par un serpent ; — figure couchée, marbre. (App. à M. le comte de Grammont. - S. 1847).
55. — Phryné ; — statue, terre cuite. (App. à M. Staiger).
56. — Cléopatre ; — statue, marbre et orfévrerie. (App. à M. Édouard Desfossets).
57. — Portrait de Mme S... ; — buste, marbre. (Musée du Louvre. - S. 1847).
58. — La Femme au serpent ; — figure couchée, terre cuite. (App. à M. Staiger).

**CORDIER (Charles),** né à Cambrai. — ✠.

59. — Nègre du Soudan ; — buste, bronze et marbre onyx.
60. — Négresse du Soudan ; — buste, bronze et marbre onyx.
61. — Joueuse de harpe égyptienne ; — statue, bronze ornée d'émaux cloisonnés.

**CLODION (Claude, dit Michel),** né à Nancy le 20 décembre 1738, mort à Paris le 28 mars 1814.

62. — Bacchante portant sur son épaule droite un petit satyre ; — moulage. (L'original en marbre est au Musée du Louvre).
63. — Bacchanale ; — bas-relief, cire.
64. — Bacchanale ; — bas-relief, cire. (App. M. Estragulos).

**DAVID (Pierre-Jean, dit DAVID d'ANGERS),** né à Angers le 12 mai 1789, mort en 1856.

65. — Un œil-de-bœuf du Louvre ; — modèle plâtre. (App. à M. Eugène Guillaume).
V. Gravure en médailles.

**DIEBOLT (Georges),** né à Dijon le 6 mai 1816, mort à Paris le 7 novembre 1861.

66. — Sapho sur le rocher de Leucade ; — statue, marbre. (Musée de Dijon. - S. 1848).

**DUBOIS (Paul),** membre de l'Institut, né à Nogent-sur-Seine (Aube). — C. ✠.

67. — Chanteur florentin au XV^e siècle ; — statue, bronze. (Musée du Luxembourg. - E. U. 1867).
68. — Le Courage militaire.
69. — La Charité.
70. — La Foi.
71. — L'Etude.
Modèles en plâtre des figures décoratives, placées aux angles du monument funéraire du général Lamoricière dans la cathédrale de Nantes.
72. — Eve naissante ; — statue plâtre. (S. 1873).

**DUBRAY (Vital-Gabriel),** né à Paris. — O. ✠.

73. — L'Impératrice Joséphine. (Musée de Versailles).

**DUMONT (Jacques-Edme),** né à Paris le 10 avril 1760, mort à Paris le 21 février 1844.

74. — Marceau ; — moulage. (Le buste en terre cuite est au Musée du Louvre).
75. — Un Sapeur ; — moulage. (L'original en pierre décore l'attique de l'Arc de triomphe du Carrousel).

**DURET (Francisque-Joseph),** né à Paris le 19 août 1804, mort à Paris le 26 mai 1865.

76. — Chactas en méditation sur la tombe d'Atala ; — statue en plâtre. (App. à M. Bouguereau ; — le bronze a figuré au S. 1836)
77. — Danseur napolitain ; — statue bronze. (App. à M. Delafontaine. - S. 1858).

**FALGUIÈRE (Jean-Alexandre-Joseph),** membre de l'Institut, né à Toulouse. — O. ✠.

78. — Tarcisius, martyr chrétien ; — figure marbre. (Musée du Luxembourg. - S. 1868).
79. — Un Vainqueur au combat de coqs ; — statue bronze. (Musée du Luxembourg. - S. 1870).

**FAUVEAU (Mlle Félicie de).**

80. — Paolo Malatesta et Francesca de Rimini ; — groupe marbre sur fond d'architecture. (App. à M. Gruot).

**FOYATIER (Denis),** né à Bussières (Loire), le 22 septembre 1793, mort à Paris le 19 novembre 1863.

81. — Spartacus ; — statue bronze. (App. à M^me Foyatier).
82. — La Sieste ; — figure couchée, marbre. (App. à M^me Foyatier. - S. 1848).

**FREMIET (Emmanuel),** né à Paris. — O. ✻

83. — Le Chien blessé ; — moulage.
(Le bronze est au Musée du Luxembourg. — S. 1850).

84. — Homme de l'âge de la pierre reconstitué sur des fragments humains de l'époque ; — statue bronze. (Muséum d'Histoire naturelle. - S. 1875).

**GÉRICAULT (Jean-Louis-André-Théodore),** né à Rouen le 26 septembre 1791, mort à Paris le 17 janvier 1824.

85. — Cheval écorché ; — cire. (App. à Mme Maurice-Cottier).

**GIRAUD (Pierre-François-Grégoire),** né au Luc (Var) le 19 mars 1783, mort à Paris le 19 février 1836.

86. — Un chien ; — moulage. (L'original est au musée du Louvre. - S. 1875).

87. — Ethra pleure sur la tête de Phalante, son mari ; — moulage, bas-relief.
(L'original en marbre est au Musée du Louvre. - S. 1814).

**GUILLAUME (Claude-Jean-Baptiste-Eugène),** Membre de l'Institut, né à Montbard (Côte-d'Or). — C. ✻.

88. — Le Tombeau des Gracques (1848) ; — bustes en marbre. (App. à M. Raffalowich).

89. — La légende de Saint-Valère (1855) ; — bas-relief et figure. (App. à M. Guillaume).

90. — Colbert (1856); — statue plâtre métallisé (modèle de la statue érigée à Reims).
(App. à M. Guillaume).

91. — L'Art couronnant la Beauté (1860) ; — bas-relief, plâtre (modèle d'un œil de bœuf du Louvre, pavillon Sully). (App. à M, Guillaume).

92. — Napoléon Ier ; — statue, plâtre (modèle de la statue qui a figuré dans la maison pompéïenne en 1861). (App. à M. Guillaume).

93. — Monseigneur Darboy ; — buste, marbre. (App. à M. Guillaume).

94. — Sapho ; — terme, plâtre. (Le marbre app. à la Ville de Paris).

95. — Portrait de Mme L. G...; — buste, marbre. (App. à M. Léopold Goldschmidt).

96. — Thiers ; — buste, terre cuite. (App. à M. Guillaume).

**GUMERY (Charles-Alphonse),** né à Paris le 14 juin 1827, mort en 1870.

97. — Faune jouant avec un chevreau ; — statue bronze.
(Musée de Montpellier. - S. 1857).

**HOUDON (Jean-Antoine),** né à Versailles le 20 mars 1741, mort à Paris le 16 juillet 1828.

98. — Napoléon Ier ; — buste, terre cuite (1806). (App. au Musée de Dijon).

99. — Louis XVI ; — buste, plâtre (1790), moulage.

100. — Apollon ; — statue, bronze (1790). (App. à M. Léopold Goldschmidt).

101. — Portrait de Pajou ; — buste, terre cuite. (App. à Mme Toulmouche).

102. — Buste d'enfant ; — marbre. (App. à M. Tabourier).

103. — Diane ; — moulage. (L'original en bronze est au Musée du Louvre).

104. — La Fayette (1790) ; — buste, marbre. (Musée de Versailles)

105. — Portrait de femme ; — buste, terre cuite (attribué à Houdon). (App. à M. Poirson).

106. — Buste, terre cuite. (App. à M***).

**INCONNU.**

107. — Lepelletier de Saint-Fargeau ; — buste, faïence. (App. à M. Scheurer-Kestner).

**INJALBERT (Jean-Antoine),** né à Béziers. — ✻.

108. — La Tentation ; — haut relief, plâtre. (S. 1877).

**JALEY (Jean-Louis-Nicolas),** né à Paris le 27 janvier 1802, mort à Neuilly le 31 mai 1866.

109. — Louis XI ; — statue, marbre. (Musée de Versailles. - S. 1839).

**JULIEN (Pierre),** né à St-Paulien (Haute-Loire) en 1731, mort à Paris le 17 décembre 1804.

110. — La Nymphe Amalthée ; — moulage.
(L'original en marbre est au musée du Louvre. - S. 1791).

**LEMAIRE (Philippe-Joseph-Henri)**, né à Valenciennes le 9 janvier 179[illegible] mort à Paris le 2 août 1880.

111. — Portrait de Louis de Douville-Maillefeu ; — buste, bronze.
(App. à M. le comte de Douville-Maillefeu).

**LE PÈRE (Alfred-Adolphe-Edouard)**, né à Paris. — ✵.

112. — Diogène le Cynique ; — statue, marbre. (App. à l'Etat - S. 1870).

**LONGEPIED (Léon-Eugène)**, né à Paris en 1849, mort en 1888.

113. — Fiocinière : — statue, bronze.

**MARCELLIN (Jean-Esprit)**, né à Gap le 24 mai 1821, mort à Paris.

114. — Cypris allaitant l'Amour ; — groupe, plâtre. (S. 1853).

**MÈNE (Pierre-Jules)**, né à Paris le 25 mars 1810, mort à Paris en 1880.

115. — Hallali sur pied ; — groupe, cire. (App. à M. Auguste Cain. - S. 1855).
116. — La prise du renard ; chasse en Ecosse ; — groupe, cire. d° (S. 1861).
117. — Chasse au Faucon ; — groupe cire. d° (S. 1873).
118. — Chiens bassets fouillant un terrier. d° (S. 1857).

**MERCIÉ (Marius-Jean-Antonin**, né à Toulouse. — O. ✵.

119. — David ; — statue, marbre (1875). (App. à M. Léopold Goldschmidt).
120. — Gambetta ; — buste, plâtre.

**MILLET (Aimé)**, né à Paris. — O. ✵.

121. — Ariane ; — statue, galvanoplastie argentée. (S. 1857).
(App. à Mme Arnaud-Guichard).

**MOINE (Antonin)**, né à Saint-Etienne le 30 juin 1796, mort à Paris en 1849.

122. — Cheval s'abattant : — bas relief, bronze. (App. à M. René Paul Huet).

**MOREAU-VAUTHIER (Augustin-Jean)**, né à Paris. — ✵.

123. — Néréide ; — statue plâtre. (S. 1875).

**OLIVA (Alexandre-Joseph)**, né à Saillagouze (Pyrénées-Orientales). — ✵.

124. — L'abbé Deguerry ; — buste, marbre. (E. U. 1855).
125. — La Révérendissime mère Javonhey, fondatrice et supérieure générale de l'ordre d[e] St-Joseph de Cluny ; — buste, marbre. (S. 1852).

**PAJOU (Augustin)**, né à Paris le 19 septembre 1730, mort à Paris le 8 mai 180[illegible]

126. — Psyché abandonnée ; — moulage.

**PASCAL (François-Michel)**, né à Paris le 11 juin 1807, mort à Paris en 188[illegible]

127. — Chartreux en prière ; — statuette, marbre. (App. à M. Pascal).

**PRADIER (James)**, né à Genève de parents français le 23 mai 1792, mort à Bou[-]gival le 4 juin 1862.

128. — Louis-Charles d'Orléans, comte de Beaujolais ; — figure, marbre.
(Musée de Versailles. - S. 1839).
129. — La toilette d'Atalante ; — moulage.
(L'original en marbre est au Musée du Louvre. - S. 1850).

**PRÉAULT (Auguste)**, né à Paris le 6 octobre 1810, mort en 1879.

130. — Jacques Cœur ; — buste bronze. (App. à M. Philippe Gille).

**RODIN (Auguste)**, né à Paris. — ✵.

131. — L'Homme au nez cassé ; — masque, bronze.

**ROLAND (Philippe-Laurent),** né à Marc-en-Terèle le 19 août 1736, mort à Paris le 11 juillet 1816.

132. — Tronchet ; — statue, marbre. (Musée de Versailles. — S. 1806).

**RUDE (François),** né à Dijon le 4 janvier 1784, mort à Paris le 3 novembre 1855.

133. — L'Amour dominateur ; — statue marbre. (Musée de Dijon. — S. 1857).
134. — La Pérouse ; — buste, moulage.
(L'original marbre est au Musée du Louvre - S. 1831).
135. — Godefroy-Cavaignac ; — moulage.
(L'original bronze est au cimetière Montmartre).
136. — Jeune Pêcheur napolitain jouant avec une tortue. (S. 1833).

**SAINT-MARCEAUX (René de),** né à Reims. — ✲.

137. — L'Abbé Miroy, curé de Cuchery ; — bronze. (Cimetière de Reims).

**SANSON (Justin-Chrysostome),** né à Nemours (Seine-et-Marne). — ✲.

138. — Le danseur de Saltarelle ; — statue plâtre. (S. 1866).

**THOMAS (Gabriel-Jules),** Membre de l'Institut, né à Paris. — O. ✲.

139. — Virgile ; — statue plâtre. (S. 1861)

**VIGNON (Mme Claude),** née à Paris, morte en 1888.

140. — Pêcheur à l'épervier ; — statue plâtre. (App. à M. Maurice Rouvier. - S. 1878)

---

V.

# Gravure en Médailles.

**ANDRIEU (Bertrand),** né à Bordeaux (1761-1822).

1. — Bonaparte, Premier Consul de la République.
2. — Mariage du roi de Westphalie (d'après une composition de Prud'hon) ; — MDCCCVII
3. — Conquête de la Silésie ; — MDCCCVII.
4. — Organisation de l'Instruction publique ; — an IV.
5. — Première décade du XIXe siècle ; — MDCCCX.
6. — Baptême du roi de Rome ; — MDCCCXI.
7. — Bonaparte Empereur et Roi.
8. — La Princesse Pauline Borghèse.

**ANONYME.**

9. — Le réveil du Tiers-Etat.
10. — Décoration des vainqueurs de la Bastille ; — face et revers.
11. — Passage des écluses de Saint-Valéry-sur-Somme.

**BARRE (Jean-Jacques),** né à Paris (1793-1855).

12. — Raymond comte de Sèze ; — MDCCCXXIX.
13. — La famille royale visite la Monnaie (1833) ; — face et revers.
14. — Réception des cendres de Napoléon MDCCCXL.
15. — Comice agricole de Seine-et-Oise. — L'agriculture 1851.
16. — Statue équestre du duc d'Orléans, d'après Marochetti ; — MDCCCXLII.

**BOVY (Antoine),** né à Genève, naturalisé français (1795-1867).

17. — Agrandissement du port de Marseille.

18. — Médaille des chemins de fer ; — MDCCCXLII.
19. — Inauguration des grandes lignes de chemin de fer ; — (1849).
20. — Médaille de l'Exposition universelle ; — MDCCCLV.
21. — Bataille de l'Alma.
22. — La reconstruction du Pont d'Austerlitz ; — 1854.
23. — Protection du travail national.

**BRENET (Nicolas-Guy-Antoine),** né à Paris (1773-1846).

24. — Députation des maires de Paris, à Schoenbrunn ; — MDCCCV.
25. — Bataille d'Eylau ; — MDCCCVII.

**CAQUÉ (Armand-Augustin),** né à Saintes (1793).

26. — La Liberté de la Presse d'après Gayrard.
27. — J. B. H. de Sussy, président de la Commission des Monnaies et Médailles.

**CARPEAUX (Jean-Baptiste),** né à Valenciennes (1827-1875).

28. — Mme Defly ; — médaillon.
29. — Le Prince impérial ; — médaillon.
30. — M. Reynard ; — médaillon.
31. — Mlle Bouvet ; — médaillon. (App. à Mme Carpeaux).

**CAUNOIS (François-Augustin),** né à Bar-sur-Ornain (Meuse), (1787-1859).

32. — Le Sacre de Charles X ; — MDCCCXXV.

**CHAPU (Henri-Michel-Antoine),** membre de l'Institut, né au Mée (Seine-et-Marne). — O. ✻.

33. — A. Gilbert paysagiste (1860) ; — médaillon.
34. — M. Dumaresq (1862) ; — médaillon.
35. — Mon père (1861) ; — médaillon.
36. — M. Elie Delaunay (1864) ; — médaillon.
37. — M. Auguste Vacquerie (1866) ; — médaillon.
38. — Mme Robert-Fleury (1866) ; — médaillon.
39. — M. Vaudremer ; — médaillon.
40. — M. N. Robert-Fleury (1877) ; — médaillon.

**DAVID (Pierre-Jean),** né à Angers (1789-1856).

41. — Gericault ; — médaillon.
42. — Delacroix ; — médaillon.
43. — Michelet ; — médaillon.
44. — Ingres ; — médaillon.
45. — Paul Huet ; — médaillon. (App. à M. Paul Huet).

**DEGEORGE (Jean-Marie-Charles),** né à Lyon (1837-1888).

46. — La Chambre de Commerce de Bordeaux.
47. — Médaille commémorative de la construction de l'église Saint-Pierre de Montrouge.
48. — Les Phares.
49. — A la mémoire des élèves de l'Ecole des Beaux-Arts, morts pendant la guerre de 1870.

**DEPAULIS (Alexis-Joseph),** né à Paris (1790-1867).

50. — Inauguration du pont de Libourne ; — MDCCCXX.
51. — Fondation du Musée de Versailles ; — MDCCCXXXVII.
52. — Silvestre de Sacy.

**DESBŒUFS (Antoine),** né à Paris (1793-1862).

53. — Le Concordat.
54. — Monument à de Sèze ; — MDCCCXXIX.
55. — L'Eloquence défend l'Innocence.

**DOMARD (Joseph-François),** né à Paris (1792-1858).

56. — Bataille de Navarin ; — XX octobre MDCCCXXVII.
57. — Mercure avec les attributs du Commerce. (Pour la Chambre de commerce de Marseille).
58. — Louis-Philippe roi des Français ; — coin monétaire.
59. — Le comte H. de Rigny, amiral, député, ministre de la marine.
60. — Naissance du comte de Paris.

**DROZ (Jean-Pierre),** né à la Chaux-de-Fond, naturalisé français (1746-1823)

61. — Paix d'Amiens ; — le retour d'Astiée.
62. — Le Camp de Boulogne ; — an XII de la R. F.
63. — Le Sacre ; — Pie VII.
64. — Le Gouverneur Eliott.
65. — Portrait à la cire. (App. à Mme Levol)

**DUBOIS (Joseph-Eugène),** né à Paris (1795-1863).

66. — La Cathédrale de Paris.

**DUMAREST (Rambert),** né à Saint-Etienne (1760-1806).

67. — Le Marquis de Lafayette, maréchal de camp, commandant général de la garde nationale de Paris.
68. — Avouet de Voltaire.
69. — Junius Brutus.
70. — Jean-Jacques Rousseau.

**DUPRÉ (Augustin),** né à Saint-Etienne (1748-1833).

71. — Lavoisier.

**DUPUIS (Daniel-Jean-Baptiste),** né à Blois. — ✲.

72. — Garnier Pagès.
73. — Mme Dupuis.
74. — Daniel Dupuis.
75. — M. Bernier, architecte.
76. — M. Bellay, graveur.
77. — M. Thomas, architecte.

**DUVIVIER (Pierre-Simon-Benjamin),** né à Paris (1730-1819).

78. — Arrivée du roi à Paris le 6 octobre 1789 ; — face et revers.
79. — L'Abbé de l'Epée.

**FAROCHON (Jean-Baptiste-Eugène),** né à Paris (1812-1869).

80. — Liberté, Ordre public.
81. — Sciences physiques et mathématiques.
82. — Industries agricoles et manufacturières.
83. — Faculté de droit.
84. — Faculté de médecine.
85. — Jeton pour la Société des Bibliophiles Français ; — face et revers.
86. — M. Steinheil ; — médaillon.
87. — M. Besozzi ; — médaillon. (App. à Mme Farochon).

**FRANÇOIS (Henri-Louis),** né à Vert-le-Petit (Seine-et-Oise). — ✲.

88. — Invocation à Pan ; — camée Cornéline orientale à trois couches. (S. 1869).
89. — Prométhée ; — camée, Sardonyx à trois couches. (S. 1874).
90. — Mlle M. B... ; — camée Cornaline orientale à deux couches. (S. 1869).

**GALLE (André),** né à Saint-Etienne, (1761-1844).

91. — Bataille d'Iéna ; — MDCCCVI.
92. — Bataille de Wagram ; — VI juillet MDCCCIX.
93. — L'Entrée du Roi dans sa capitale, MDCCCXIV ; — face et revers

94. — Médaille par la Compagnie des Mines de fer de Saint-Etienne, MDCCCXVIII ; — face et revers.
95. — Erection de la statue de Louis XIV à Lyon ; — MDCCCXXV.
96. — Les Arts utiles (1826).
97. — Louis David.
98. — S. M. J. J. Dupin (1839).
99. — George Canning.
100. — Henry Grattan.
101. — Plaque pour l'Etat-Major des gardes nationales de France. (App. à M. Oudiné Fils).

**GATTEAUX (Jacques-Edouard),** né à Paris (1788-1881).

102. — École française des Beaux-Arts de Rome (1812).
103. — Le Pont de Bordeaux ; — MDCCCXXI.
104. — Sacre de Charles X.
105. — Louis van Beethoven.

**GATTEAUX (Nicolas-Marie),** né à Paris, (1751-1832).

106. — L'Abandon des privilèges.

**GAYRARD (Raymond),** né à Rodez Aveyron (1777-1858).

107. — Route de Nice à Rome ; — MDCCCVII.
108. — Retraite des troupes alliées ; — MDCCCXVIII.

**LAGRANGE (Léon),** né à Lyon en 1831.

109. — Milon de Crotone, d'après Puget.
110. — Le Serment ; — face et revers.
111. — Le Palais de Justice de Paris ; — face et revers.
112. — L'Opéra de Paris ; — face et revers.

**LEVILLAIN (Ferdinand),** né à Paris.

113. — La Fête de Silène.
114. — L'Enfance de Bacchus.

**MICHAUT (Auguste),** né à Paris (1786-1853).

115. — Louis XVIII ; — coin monetaire.

**MOINE (Antonin-Marie),** né à Saint-Etienne, (1796-1849).

116. — Portrait de Planche : — médaillon bronze. (App. à M. Réné Paul Huet),

**OUDINÉ (Eugène-André),** né à Paris (1810-1887).

117. — Médaille de la Société des Architectes.
118. — Avènement Napoléon III à l'empire MDCCCLII ; — face et revers.
119. — André Galle.
120. — Bataille d'Inkermann.
121. — Jeton pour la Compagnie d'assurance l'*Universelle*.
122. — « A Jean-Auguste-Dominique Ingres. »
123. — Plébiscite ; — MDCCCLXX.
124. — Société française contre l'abus des boissons alcooliques. (App. à M. Oudiné fils).

**PETIT (Louis-Michel),** né à Paris (1791-1844).

125. — Inauguration du Palais de la Bourse et du Tribunal de Commerce.

**PRÉAULT (Auguste),** né à Paris (1810-1879).

126. — Un usulateur ; — médaillon.
127. — M. A. Maquet ; — médaillon. (App. à M. Réné Paul Huet).

**VAUTHIER-GALLE (André),** né à Paris.

128. — Campagne des Fils du duc d'Orléans.
129. — Naissance du Prince Impérial ; — d'après Cavelier.

## VI.

# Architecture.

**ABADIE (Paul),** né en 1814, mort en 1884.

Eglise du Sacré-Cœur, à Montmartre.

1. — Plan.
2. — Vue perspective intérieure.
3. — Vue perspective extérieure. App. à Mgr l'Archevêque de Paris

**ALAVOINE (Jean-Antoine),** né à Paris en 1778, mort en 1834.

4. — Projet d'un monument à Napoléon Ier ; — vue perspective.
5. — Fontaine de l'Eléphant ; — aquarelle. App. à M. Debressenne.
6. — Colonne commémorative des journées de Juillet 1830 ; — première étude. (Archives de la Direction des Bâtiments civils).

**ALDROPHE (Alfred Philibert),** né à Paris. — O. ✵.

Synagogue de la rue de la Victoire, à Paris.

7. — Façade et coupe transversale ; — dessin d'Eyerre.
8. — Vue perspective ; — dessin de M. Geyler. (Archives de la Ville de Paris).

**ANDRÉ (Louis-Jules),** membre de l'Institut, né à Paris. — O. ✵.

Muséum d'histoire naturelle ; — nouvelles galeries de zoologie :

9. — Façade, coupe. (Archives de la Direction des Bâtiments civils).

**BAILLY (Antoine-Nicolas),** membre de l'Institut, né à Paris. — C. ✵.

Cathédrale de Valence : — reconstruction de la Tour :

10. — Façade.
11. — Coupe.
12. — Plan.

Hôtel de Jacques Cœur, à Bourges :

13. — Plan du rez-de-chaussée ; — état actuel.
14. — Plan du rez-de-chaussée ; — restauration.
15. — Plan du premier étage ; — restauration.
16. — Façade avant restauration ; — dessin au trait.
17. — Façade restaurée ; — aquarelle.

**BALLU (Théodore),** né à Paris en 1817, mort en 1885.

18. — Villa Médicis ; — aquarelle. (App. à M. H. Lefuel).

**BALTARD (Louis-Pierre),** né à Paris en 1764, mort en 1846.

19. — Colonne nationale projetée, place de la Concorde ; — dessin à l'encre de chine. (App. à M. Train).

Palais de Justice de Lyon :

20. — Plan, façade et coupes.
21. — Paysage italien ; — aquarelle.
22. — Paysage ; — encre de Chine.
23. — Mont-Fiascone ; — dessin à l'encre de Chine (1827). (App. à M. Arnould Baltard).
24. — Composition antique ; — aquarelle.
25. — Impluvium à Pompeï ; — aquarelle. (App. à Mme Jacob Desmalter).

Le Panthéon (1821) :

26. — Dessin d'ensemble du fronton.
27. — Grande porte ; — dessin à l'encre de Chine.
28. — Détail d'un panneau; — aquarelle.

4

Projet pour l'Arc de Triomphe de l'Étoile :

29. — Façade principale, façade latérale.

(Archives de la Direction des Bâtiments civils).

**BALTARD (Victor),** né à Paris en 1805, mort en 1874

Panthéon de Rome :

30. — Ensemble et étude d'une travée.
31. — Temple de la Concorde à Agrigente ; — restauration.
32. — Détail du Temple de la Concorde. (App. à M. Arnould Baltard).

Halles centrales de Paris :

33. — Plan.
34. — Façade ; — dessin au trait. (Archives de la Ville de Paris).

Eglise Saint-Augustin.

35. — Façade.
36. — Coupe longitudinale.
37. — Tombeau de Mgr Affre ; — aquarelle.
38. — Surtout de l'Hôtel-de-Ville ; — dessin à l'encre de chine. App. à M. Arnould Baltard).

**BLOUET (Guillaume-Abel),** né à Paris en 1795, mort en 1853.

Arc de Triomphe de l'Etoile (achèvement) :

39. — Façade principale, façade latérale, coupe.

Dessins pour les fêtes commémoratives des journées de Juillet 1830 :

40. — Etude pour le couronnement de l'Arc-de-Triomphe.
41. — Base des mâts du Pont-Neuf.
42. — Ensemble de la décoration du pont de la Concorde.

(Archives de la Direction des Bâtiments civils

43. — Frontispice de l'expédition scientifique de Morée ; — dessin à l'encre de Chine. (App. à M. Thierry).
44. — Paysage et fragments antiques ; — sépia. (App. à M. Debressenne).
45. — Temple de Minerve Suniade ; — sépia. — Temple d'Apollon Epicurius à Phigalie ; — sépia. — Le Panthéon d'Adrien ; — sépia. — Temple de Jupiter Panhellénien d'Égine ; — sépia. (Archives de l'Ecole des Beaux-Arts).

**BOITTE (Louis),** né à Paris. — ✡.

Acropole d'Athènes :

46. — Elévation.
47. — Coupe (fragment). Archives de l'Ecole des Beaux-Arts).

**BŒSWILLWALD (Emile),** né à Strasbourg. — C. ✡.

Eglise de Neuwiller (Bas-Rhin) :

48. — Plan.
49. — Façade latérale.
50. — Coupe longitudinale.

Eglise de Niederhaslach (Bas-Rhin) :

51. — Plan.
52. — Façade latérale.
53. — Coupes longitudinale et transversale.

Eglise de Guebwiller (Haut-Rhin) :

54. — Plan et détails.
55. — Façade principal et porche.
56. — Perspective et façade latérale.
57. — Coupes longitudinale et transversale.

Eglise de Saint-Germer :

58. — Plan.
59. — Façade latérale.
60. — Coupe longitudinale.

**BOUCHET (Jules-Frédéric),** né à Paris en 1799, mort en 1860.

61. — Composition antique ; — aquarelle.
62. — Villa Pia à Rome ; — sépia. (App. à Mme Jacob De[illegible]alter).

**BOURGEREL (Gustave-Benjamin-Alexandre).** — Né à Renne en 1813, mort en 1883.

Église de San-Cyro, à Gênes :

63. — Vue perspective. (App. à Mme Destable).

**BRONGNIART (Alexandre-Théodore),** né à Paris en 1739, mort en 1813.

Le Panthéon :

64. — Étude de construction (vue perspective).
65. — Décoration intérieure (vue perspective).
66. — Deux plans.

La Madeleine. — Projet de transformation en Théâtre Napoleon :

67. — Plans du projet.
68. — Façade.

La Madeleine. — Projet de transformation en Bourse :

69. — Deux dessins.

Salle du Théâtre Louvois :

70. — Vue perspective et détails d'avant-scène.

Hôtel de Montesson :

71. — Dessins de deux façades.
72. — Façade (variante).

Hôtel de Bondy :

73. — Décoration intérieure ; — deux dessins.

Hôtel de Bondy et Hôtel de Monaco.

74. — Décoration intérieure ; — deux dessins.

Hôtel de Monaco :

75. — Façade.
76. — Décoration intérieure ; — deux dessins. (App. à M. Brongniart).

**BRUNE (Emmanuel),** né en 1838, mort en 1885.

Villeneuve-lez-Avignon (peintures anciennes) :

77. — Paroi de droite ; — aquarelle.
78. — Paroi de gauche ; — aquarelle. (Archives des Monuments historiques).

**BRUYERRE (Louis-Clément),** né en 1831, mort en 1887.

79. — Façade des Tuileries au temps de Philibert Delorme ; — aquarelle. (Archives des Monuments historiques).

**CASSAS (L.-F.),** né à Azay-le-Féron en 1756, mort en 1827.

80. — Vue de l'Acropole ; — aquarelle. (App. à M. A. Normand).

**CHALGRIN (Jean-François-Thérèse).** — Né à Paris en 1739, mort en 1811.

Arc de Triomphe de l'Étoile (premier projet) :

81. — Façade principale.
82. — Façade latérale ; — coupe. (Archives de la Direction des Bâtiments civils).

**CLERGET (Jacques-Jean).** — Né à Dijon en 1808, mort en 1877.

83. — Temple de l'Hercule gardien ; — aquarelle. (Archives de l'École des Beaux-Arts).

**CONSTANT-DUFEUX (Simon-Claude),** né à Paris en 1801, mort en 1871.

Église de Germigny (restauration) :

84. — Plan et détails de la Mosaïque.
85. — Deux coupes. (Archives des Monuments historiques).

**COSTE (Pascal-Xavier),** né à Marseille en 1787, mort en 1879.

86. — Le Bardo de Tunis ; — aquarelle. (App. à M. H. Révoil)

**CRÉPINET (Alphonse-Nicolas),** né à Paris. — ✵.

Dôme des Invalides (restauration) :

87. — Dessin d'ensemble. (Archives de la Direction des Bâtiments civils).

**DANJOY (Jean-Charles-Léon),** né à Avensac en 1816, mort en 1862.

88. — Entrée du Château d'Eau. (App. à M. Danjoy).

**DAUMET (Jérôme-Honoré),** membre de l'Institut, né à Paris. — ✵.

Théâtre d'Hérode Atticus, à Athènes :

89. — Etat actuel; — restauration (plans).
90. — Coupes restaurées, façade restaurée.
91. — Elévation du proscenium ; — état actuel.
92. — Vue d'ensemble ; — état actuel.

**DAVIOUD (Gabriel),** né à Paris en 1823, mort en 1881.

Théâtre lyrique :

93. — Plans gravés et détail de la salle.
94. — Fontaine de la place du Théâtre Français ; — aquarelle. (Archives de la ville de Paris).
95. — Grille du parc Monceau ; — aquarelle.

Magasins Réunis ; façade principale :

96. — Place du Théâtre Français ; — vue perspective.
97. — Place de la Fontaine Saint-Michel ; — vue perspective.

Orphéon Municipal :

98. — Etudes de façades ; — plan. (App. à Mme Davioud).

**DE BAUDOT (Joseph-Eugène-Anatole),** né à Sarrebourg. — O. ✵.

Église de Rambouillet :

99. — Plan.
100. — Coupe longitudinale.
101. — Coupes tranversales.
102. — Façade principale.
103. — Façade latérale.
104. — Façade absidale.
105. — Perspective.

Eglise de Privas :

106. — Plan.
107. — Façades principale et absidale.
108. — Façade latérale.
109. — Coupes. (App. à M. de Baudot).

**DEBRET (François),** né à Paris en 1777, mort en 1850.

Salle de l'Opéra (rue Le Pelletier) :

110. — Plan.
111. — Etude du rideau.
112. — Etude de la salle. (App. à Mme Bocquet).
113. — Composition antique ; — aquarelle. (App. à Mme Maillot).
114. — Eglise de Saint-Denis.
115. — Dessins d'après le trésor de l'Eglise de Saint-Denis.
116. — Plan de l'Eglise avant l'enlèvement des tombeaux.
117. — Caveau royal ; — vue perspective et détails.
118. — Base de croix ; — détail d'orfèvrerie.
119. — Autel Saint-Martin. (App. à Mme Bocquet).

**DENUELLE (Alexandre),** né en 1818, mort en 1879.

Eglise de Saint-Germain-des-Prés :

120. — Décoration du chœur ; — aquarelle.
121. — Décoration de la nef ; — aquarelle.

Cathédrale de Tours :

122. — Chapelle de la Vierge ; — aquarelle.

Château de Thoiry (Seine-et-Oise) :

123. — Plafond du grand salon ; — aquarelle. (Archives de l'Ecole des Beaux-Arts).

Hôtel de Jacques Cœur à Bourges :

124. — Décoration de la chapelle. (App. à M. Bailly).

Cathédrale de Limoges :

125. — Décoration projetée de la chapelle de la Vierge ; — aquarelle. (App. à M. Destable).

**DUBAN (Félix)**, né à Paris en 1797, mort en 1870.

Château de Dampierre :

126. — Décoration de la salle Louis XIII. (App. à M. Flochéron).

Restauration du Louvre :

127. — Loge de Charles IX (compartiment de la voûte). (App. à M. Debressenne).

Reconstruction projetée du Théâtre Italien (salle Favart) :

128. — Vue perspective ; — plans (rez-de-chaussée et premier étage).
129. — Plans détaillés (variante), coupe longitudinale.

Ecole des Beaux-Arts :

130. — Plan d'ensemble.
131. — Façade et coupe.
132. — Etude pour la façade sur le quai Malaquais.

Décoration pour les fêtes commémoratives de Juillet 1880 :

133. — Détails d'un abri pour la musique.
134. — Etude d'un mât. (Archives de la Direction des Bâtiments civils).
135. — « Salvos redire » ; — aquarelle. (App. à M. Debressenne).
136. — L'Arno ; — aquarelle.
137. — Le Tibre ; — aquarelle. (App. à Mme Paul Lelong).
138. — Souvenir de Ronciglione ; — aquarelle. (App. à M. Vaudoyer).
139. — Une rue à Pompéi ; — aquarelle.
140. — Chapelle dédiée à Sainte-Félicie ; — aquarelle.
141. — Intérieur d'un tombeau étrusque ; — aquarelle.
142. — Triclinium ; — aquarelle.
143. — Impluvium ; — aquarelle. (App. à M. Chauvin).
144. — Voie des Tombeaux ; — aquarelle.
145. — Loges du Vatican ; — aquarelle. (App. à Mme Maillot).
146. — Un exèdre ; — aquarelle. (App. à Mme Duc).
147. — La moisson ; — aquarelle.
148. — « Sic olim in Pompeiâ » ; — aquarelle.
149. — Villa antique à Baïa. (Musée de Compiègne.)

**DUC (Louis)**, né à Paris en 1802, mort en 1879.

Cour de Cassation ; (Galerie de Saint-Louis) :

150. — Détail de l'arc doubleau ; — détail du plafond ; — detail des solives. (Archives de la Direction des Bâtiments civils).

Restauration du Colisée :

151. — Plan.
152. — Coupe.
153. — Elévation. (Archives de l'École des Beaux-Arts).

**FONTAINE (Pierre-François-Léonard)**, né à Pontoise en 1762, mort en 1853.

154. — Salle du Théâtre-Français ; — aquarelle. (App. à Mme Jacob Desmalter).

Palais du Roi de Rome :

155. — Vue prise du côté de la grand'route ; — aquarelle.
156. — Vue prise du côté des jardins ; — aquarelle. (App. à M. Foulon).

Rome sous les Empereurs :

157. — Composition ; — aquarelle.

Rome sous le Pontificat de Pie VI :

158. — Composition ; — aquarelle.
159. — Projet de décoration des Invalides ; — esquisse. (App. à M. Fontaine).
160. — Entrée du Pont de Neuilly ; — aquarelle. (App. à Mme Jacob Desmalter).

**GARNIER (Charles)**, membre de l'Institut, né à Paris. — O. ✱.

Temple de Sérapis, à Pouzzoles :

161. — Détail de l'entablement (restauration).

Forum de Trajan :

162. — Corniche (état actuel).
163. — Vue de Scutari ; — aquarelle.
164. — Eglise St-Clément, à Rome ; — aquarelle.

**GODEBŒUF (Antoine-Isidore-Eugène),** né à Compiègne en 1809, mort en 1879.

165. — Cabinet de Sully, à l'Arsenal ; — dessin à la mine de plomb. (Archives des Monuments historiques).

**GOUST (Paul-Emile),** né à Paris.

Projet pour l'Arc de Triomphe de l'Etoile :

166. — Façade principale. (App. aux Archives de la Direction des Bâtiments civils).

**GUADET (Julien),** né à Paris. — ✲ 1878.

Loges de Raphaël :

167. — Etude d'une travée ; — aquarelle.

Parthénon :

168. — Vue perspective.

Monument à la mémoire des Girondins :

169. — Vue perspective ; — aquarelle.

**GUILLAUME (Edmond),** né à Valenciennes. — ✲.

Augusteum d'Ancyre :

170. — Façade ; — aquarelle.
171. — Coupe transversale ; — aquarelle.

**HÉNARD (Antoine).**

Mairie du XII<sup>e</sup> arrondissement à Paris :

172. — Plan.
173. — Façade.

**HUVÉ (Jean-Jacques-Marie),** né à Versailles en 1783, mort en 1852.

Eglise de La Madeleine (achèvement) :

174. — Coupe longitudinale ; — dessin au trait. (App. aux Archives de la Direction des Bâtiments civils)

**HUYOT (Jean-Nicolas),** né à Paris en 1780, mort en 1840.

Arc de Triomphe de l'Étoile (modification en 1828) :

175. — Projet de décoration avec appliques de bronze.
176. — Détail de l'attique. (Archives de la Direction des Bâtiments civils).

Projet d'agrandissement du Palais de Justice de Paris :

177. — Plan général vue perspective ; — aquarelle.
178. — Décoration du salon de la maison d'Huyot, à Versailles. (App. à M. Lefuel).
179. — Temple de Phra, à Ipsamboul (état actuel).
180. — Temple de Phra, à Ipsamboul (restauration). (App. aux Archives de l'Ecole des Beaux-Arts).

**JAY (Adolphe-Marie-Nicolas),** né à Lyon en 1789, mort en 1871.

Colonnes de la Place du Trône (achèvement) :

181. — Elévation ; — aquarelle.
182. — Coupe ; — aquarelle.
183. — Vue d'ensemble ; — aquarelle. (App. à M. Jay).

**JOYAU (Joseph-Louis-Achille),** né à Nantes en 1831, mort en 1872.

Temple de Balbeck.

184. — Vues d'ensemble ; — deux aquarelles.
185. — Vue extérieure ; — aquarelle.
186. — Vue intérieure ; — aquarelle.
187. — Deux études (1865) ; — aquarelle.

Memphis (Vues du Nil) :

188. — Deux dessins. (Archives de l'Ecole des Beaux-Arts).
189. — Entrée de Jaffa. — Gualaat. — Rue du Caire. — Tzégué. — (quatre dessins.)
190. — Goura. — Rue du Caire ; — Casin d'Halim Pacha ; — Vue prise de Boulacq ; — Minare du Caire ; — Avenue de Choubrah, six dessins. (App. à M. Alfred Normand).

**LABROUSTE (Henri),** né à Paris en 1801, mort en 1875.

Bibliothèque Sainte-Geneviève :

191. — Plans.
192. — Façade et coupes.
193. — Étude d'une travée.
194. — Vue perspective intérieure.
195. — Étude de colonne pour le pont de la Concorde, 1843.
(Archives de la Direction des Bâtiments civils).
196. — Composition antique : — aquarelle.

Projet de tombeau pour Napoléon Ier :

197. — Vue perspective. (App. à M. Simon).
198. — Composition antique, encre de Chine.
(App. à M. Léon Labrouste).

**LABROUSTE (Henri) et LABROUSTE (Théodore).**

Projet pour la décoration et l'éclairage du pont de la Concorde.

199. — Élévation générale et détails ; — aquarelle.
200. — Entrée du pont (vue perspective) ; — aquarelle.
201. — Détail des colonnes ; — aquarelle.
202. — Etudes de colonne et de candélabre 1838.
Etude de candélabre en bronze 1837.
Etude de candélabre en pierre 1836.
203. — Etude de candélabre en bronze 1840.
204. — Vue perspective du pont décoré par des drapeaux.
(Archives de la Direction des Bâtiments civils).

**LASSUS (Jean-Baptiste-Antoine),** né à Paris en 1807, mort en 1857.

Sainte-Chapelle du Palais, à Paris (restauration).

205. — Portail principal.
206. — Façade latérale.
207. — Coupe transversale.

Eglise Saint-Nicolas, de Nantes :

208. — Façade.

Eglise Saint-Nicolas, de Moulins :

209. — Façade.

Réfectoire de l'abbaye de Saint-Martin-des-Champs :

210. — Vue perspective.
211. — Châsse de Sainte-Radegonde ; — aquarelle.
212. — Projet de tombeau pour Napoléon Ier ; — dessin.
213. — Vitrail de la cathédrale de Chartres ; — aquarelle.
(App. à Mme Lambert Lassus).

**LAVASTRE (J.-B.).**

214. — Salon Louis XIV ; — aquarelle. (App. à M. H. Révoil).

**LE BAS (Hippolyte),** né à Paris en 1782, mort en 1856.

215. — Tombeau à Castel-d'Asso, à Veïes ; — aquarelles. — Porte de Volterra ; — encre de Chine.
216. — Ornements étrusques (terre cuite) ; — (App. à M. A. Normand).
217. — Tombeaux de Norchia ; — deux aquarelles. — Intérieur d'un tombeau à Veïes ; — aquarelle.
218. — Sièges et candelabres antiques ; — quatre dessins.
219. — Fragments antiques du Musée du Vatican ; — sépia. (App. à M. A. Vaudoyer).
220. — Fragments antiques dans les jardins Farnèse ; — sépia.
221. — Jardins Farnésiens, à Rome ; — sépia.
222. — « A Civita Castellana » ; — sépia.
223. — Portail d'Eglise ; — aquarelle.
(App. à M. Ginain).

**LEBOUTEUX (Denis),** né à Paris. — ✡.

224. — Asile de Vaucluse ; — vue perspective. (Archives de la Ville de Paris).

**LEFUEL (Hector-Martin),** né à Versailles en 1810, mort en 1880.

Rome :

**225.** — Chapiteau antique de la villa Poniatowski (ordre ionique) : — encre de Chine.
**226.** — Chapiteau antique de la villa Poniatowski (ordre corinthien) ; — encre de Chine.

Temple de Jupiter Tonnant :

**227.** — Entablement ; — encre de Chine.

Eglise de l'Ara-Cœli :

**228.** — Monument dei Sabelli ; — aquarelle.
**229.** — Tombeau ; — aquarelle.
**230.** — Mosaïques des tombeaux ; — aquarelle

Palais Farnèse :

**231.** — Façade, côté du Tibre ; — aquarelle.
**232.** — Façade sur la place ; — aquarelle.

Lucques :

**233.** — Eglise Saint-Frédian ; — aquarelle.

Foligno :

**234.** — Façade de l'hôpital, attribué à Bramante ; — aquarelle.

Musée de Naples :

**235.** — Candélabre au bronze, trouvé à Pompéi ; — dessins à la mine de plomb.
**236.** — Vases ; — aquarelle.
**237.** — Fragments ; — dessins à la mine de plomb. (App. à M. Lefuel).

**LESUEUR (Jean-Baptiste),** né à Clairfontaine en 1794, mort en 1883.

**238.** — Villa d'Este ; — sépia. (App. à M. Alfred Normand).

**LHEUREUX (Louis-Ernest),** né à Fontainebleau. — ✻.

Bibliothèque de l'Ecole de Droit :

**239.** — Plan.
**240.** — Elévation.
**241.** — Coupe.

Eglise de Bray-Lû.

**242.** — Plan et vue perspective.
**243.** — Elévation, coupe. (App. à M. Lheureux).

**LISCH (Just),** né à Alençon. — O. ✻.

Chapelle du château de Thouars (Deux-Sèvres) :

**244.** — Façade principale.
**245.** — Coupe transversale.
**246.** — Coupe longitudinale.
**247.** — Plan.

**MAGNE (Auguste),** né à Etampes en 1816, mort en 1885.

Eglise Saint-Bernard, à Paris :

**248.** — Façade principale.
**249.** — Coupe longitudinale.
**250.** — Coupe et façade absidale ; — trois dessins.
**251.** — Rétable du transept ; — encre de Chine.

Théâtre du Vaudeville, à Paris :

**252.** — Vue intérieure de la salle ; — aquarelle.
**253.** — Façade.

Marché des Martyrs, à Paris.

**254.** — Détail de la façade.

Marché de l'Ave-Maria, à Paris.

**255.** — Etude d'une travée. (App. à M. L. Magne).

Mont Saint-Michel :

**256.** — Escalier conduisant à l'église ; — aquarelle.

Palais de Versailles :

**257.** — Vue de l'Orangerie ; — aquarelle.
**258.** — Oisonville (Seine-et-Oise) ; — aquarelle.

(App. à M. G. Magne).

**MAGNE (Lucien),** né à Paris. — ✻.

Eglise de Montmorency, projet pour l'achèvement du portail principal (1876) :

259. — Façade principale ; — aquarelle.
260. — Façade absidale ; — aquarelle.
261. — Façade latérale ; — aquarelle. (App. à M. L. Magne).

**MEUNIER (Symphorien-Louis),** né à Paris en 1795, mort en 1871.

262. — Maison carrée de Nîmes ; — aquarelle. (App. à M. H. Revoil).

**MILLET (Eugène),** né à Paris en 1819, mort en 1879.

Château de Saint-Germain (restauration) :

263. — Plans d'ensemble, (1862) ; — rez-de-chaussée et premier étage.
264. — Elévation de la chapelle, rue du Château-Neuf (restauration). — Élévation de la chapelle sur la cour (restauration).
265. — Vue prise place du Théâtre ; — perspective. — Coupe sur la chapelle (restauration).
266. — Elévation de la chapelle sur la rue et sur la cour (état actuel). — Façade ouest (restauration). — Façade est (restauration).
267. — Façade sud, rue du Château-Neuf. — Façade nord, rue du Château-Neuf.
268. — Façade sud de la cour. (Archives de la Direction des Bâtiments civils).

**MOYAUX (Constant),** né à Anzin. — ✻.

269. — Tabularium et autres édifices au pied du Capitole (ensemble restauré). (Archives de l'Ecole des Beaux-Arts).

270. — Parthénon : Détail au quart de l'original ; — aquarelle.
271. — Façade occidentale ; — aquarelle.
272. — Façade orientale ; — aquarelle.
273. — Vue générale de l'Acropole ; — aquarelle.
274. — Erechteion ; — aquarelle.
275. — Propylées, — aquarelle. (App. à M. Moyaux).

**NICOLLE (Joseph),** né en 1810, mort en 1875.

Projet de tombeau pour Napoléon Ier :

276. — Vue perspective.
277. — Détail.
278. — Projet de monument à Cavaignac. (App. à M. Dubel).

**NORMAND (Alfred),** né à Paris. — ✻.

Hôtel Pompéien, avenue Montaigne :

279. — Façade sur l'avenue.
280. — Vestibule, coupe sur la longueur.
281. — Vestibule, coupe sur la longueur.
282. — Atrium, face côté de la salle à manger.
283. — Coupe de l'atrium.
284. — Décorations de l'atrium. (App. à M. Alfred Normand).

**PACCARD (Alexis),** né à Paris en 1813, mort en 1867.

285. — Tombeau de Cécilia Metella ; — deux aquarelles. (Archives de l'École des Beaux-Arts).

**PERCIER (Charles).** né à Paris en 1764, mort en 1838.

286. — Motifs divers d'architecture française ; — encre de Chine. (Archives de l'Ecole des Beaux-Arts).

287. — Frontispice ; encre de Chine.
288. — Etude de décoration intérieure ; — encre de Chine. (App. à M. Fontaine).
289. — Vue intérieure d'un cabinet pour le roi d'Espagne, à Aranjuez ; — Dessin. (App. à M. Ginain).

290. — Composition décorative ; — aquarelle.
291. — Décoration intérieure ; — aquarelle. (App. à Mme Jacob Desmalter).
292. — Vestibule ; — aquarelle. (App. à M. Révoil).
293. — Terrasse et jardin de palais italiens ; — deux lavis à l'encre de Chine. (Musée Jean Gigoux, à Besançon).

**PERCIER (Ecole de).**

294. — Vue intérieure d'une habitation antique. (App. à Mme J. Desmalter).

**QUESTEL (Charles),** né en 1807, mort en 1888.

Eglise Saint-Paul, à Nîmes :

295. — Façade latérale.
296. — Façade principale.
297. — Façade absidale.
298. — Fontaine de Nîmes. (Musée de Nîmes).

Grenoble, Préfecture :

299. — Façade ; — aquarelle. (Musée de Grenoble)

Grenoble, Musée : façade principale ; — aquarelle.

300. — Vue perspective du vestibule d'entrée ; aquarelle.
301. — Vue perspective intérieure de la salle de la bibliothèque. (App. à M. Riondel).

Asile Sainte-Anne, à Paris :

302. — Vue perspective. (App. à la ville de Paris).

Eglise d'Ainay, à Lyon :

303. — Détails d'orfévrerie. (App. à M. Daumet).

Eglise Saint-Gilles :

304. — Façade principale. (Musée de Nîmes).

**RENAUD (Louis),** né à Périgueux. — ✵.

Gare du chemin de fer d'Orléans, à Paris :

305. — Façade principale.
306. — Coupe.
307. — Plan général.

(App. à M. Renaud).

**RÉVOIL (Henri),** né Aix (Bouches-du-Rhône). — O. ✵.

308. — Ambon de la cathédrale de Nîmes ; — aquarelle.

Cathédrale de Marseille :

309. — Porte latérale de la cathédrale ; — aquarelle.
310. — Mosaïque du porche ; — aquarelle. (App. à M. H. Révoil).

**RUPRICH-ROBERT (Victor),** né en 1814, mort en 1887.

Abbaye aux Dames, à Caen ; — restauration :

311. — Détail de deux travées.

Château d'Amboise ; — restauration :

312. — Façade principale, (Archives de la Commission des Monuments historiques).

Cathédrale de Séez (Orne) :

313. — Portail (état actuel).

Eglise de Flers (Orne) ; — construction :

314. — Façade.

(App. à M. R. Robert fils).

**SAUVAGEOT (Louis),** né à Santenay (Côte-d'Or). — ✵.

Théâtre des Arts, à Rouen :

315. — Vue perspective.

Projet de Château d'Eau pour Rouen :

316. — Aquarelle. (App. à M. Sauvageot).

**STEINHEIL (Louis),** né en 1814, mort en 1885.

Saint-Thimothée :

317. — Fac-simile d'un vitrail de l'Eglise de Neuwiller.

**TITEUX (Philippe-Auguste).** né à Paris en 1812, mort en 1848.

318. — Tombeau élevé par Blouet à Bellini ; — dessin à la mine de plomb. (App. à M. Debressenne).
319. — Fragments antiques dans la villa Poniatowski ; — dessin aux deux crayons. (App. à M. Destable)

**THIBAULT (Jean-Thomas),** né à Montiérender en 1757, mort en 1826.

320. — Compositions d'après les monuments d'Athènes ; — aquarelle.
321. — Composition d'après les monuments de Rome ; — aquarelle.
322. — Restitution de la voie Appienne.
323. — Villa d'Este ; — sépia.
324. — Composition d'après les monuments d'Egypte.

(App. à Mme Jacob Desmalter).

**THOMAS (Félix),** né à Nantes en 1815, mort en 1875.

325. — Métope du Parthénon ; — aquarelle.
326. — Tombeau étrusque ; — aquarelle.

(App. à M. Destale).

**TRAIN (Eugène),** né à Toul. — ✱.

Collége Chaptal :

327. — Plan du rez-de-chaussée.
328. — Vue perspective ;
329. — Vue intérieure des cours ;
330. — Coupe transversale.
331. — Façade intérieure.

(App. à M. Train).

**VAUDREMER (Émile),** membre de l'Institut, né à Paris. — O. ✱.

Eglise Saint Pierre de Montrouge :

332. — Plan. (Archives de la Ville de Paris).
333. — Coupe sur la nef.
334. — Coupe sur le transept.
335. — Vue du ciborium ; — aquarelle.

Évêché de Beauvais :

336. — Etude d'une travée (plafond du grand salon) ; — aquarelle.
337. — Cheminée.

Prison de la Santé :

338. — Plan.
339. — Coupe.
340. — Façade.

Hôtel, avenue d'Antin :

341. — Façade et plans.
342. — Tombeau à Saint-Brice (Seine-et-Oise) ; — dessin à l'encre de chine.

(App. à M. Vaudremer).

**VAUDOYER (Antoine-Laurent-Thomas),** né à Paris en 1756, mort en 1846.

Eglise de la Madeleine (Temple de la Gloire) ; — projet du concours de 1807 :

343. — Plan.
344. — Façade principale, façade latérale, coupe longitudinale.

Hôtel de la princesse de Salm, rue du Bac (1810) :

345. — Boudoir ; — Plafond du boudoir. Plafond du salon de compagnie. Plafond du salon de musique ; — aquarelles. (App. à M. Alfred Vaudoyer).

**VAUDOYER (Léon),** né à Paris en 1803, mort en 1872.

Cathédrale de Marseille :

346. — Façade principale, façade absidale.
347. — Plan général.
348. — Façade latérale, coupe longitudinale.
349. — Coupe sur la nef, coupe sur le transept. (App. à M. A. Vaudoyer).

Conservatoire des Arts-et-Métiers :

350. — Plan général ; façade générale.

(App. aux Archives de la Direction des Bâtiments civils).

351. — Temple de Janus ; — aquarelle.
352. — Basilique de Pompeï ; — détail de chapiteau.

Eglise Sainte-Marie du Peuple, à Rome :

353. — Chapelle latérale. (App. à M. A. Vaudoyer).

**VIGNON (Barthélemy),** né à Lyon en 1762, mort en 1846.

Temple de la Gloire (Eglise de la Madeleine) :

354. — Plans ; — trois dessins.
355. — Façade et coupes ; — trois dessins.

(Archives de la Direction des Bâtiments civils)

**VIOLLET-LE-DUC (Eugène),** né à Paris en 1814, mort en 1879.

Théâtre de Taormine :

356. — Etat actuel ; — sépia. (Archives des Monuments historiques).
357. —, Restauration ; — aquarelle.
358. — Villa d'Este ; — sépia.
359. — Loges du Vatican ; — aquarelle. (App. à M. E. Viollet-le-Duc).

Concours pour l'Opéra :

360. — Vue perspective.
361. — Projet d'un monument commémoratif en Algérie.

Château de Pierrefonds :

362. — Façade principale.
363. — Façade nord.
364. — Façade est.
365. — Coupe et façade de la chapelle.
366. — Coupe et façade de la grande salle.
367. — Coupe longitudinale de la chapelle.
368. — Coupe transversale de la chapelle.
369. — Grand escalier du donjon.
370. — Coupe sur le donjon.
371. — Plan général (rez-de-chaussée).
372. — Plan général (premier étage). (Archives des Monuments historiques).
373. — Salon à Pierrefonds ; — aquarelle. (App. à M. E. Viollet-le-Duc).
374. — Coupe et façade de l'escalier.
375. — Ancienne salle synodale de l'archevêché de Sens (coupe transversale).
376. — Salle synodale restaurée. (Archives des Monuments historiques).

---

## VII.

## Gravure et Lithographie.

**ACHARD (Jean-Alexis),** peintre, né à Voreppe (Isère), le 18 juin 1807, mort à Grenoble le 2 Octobre 1884.

1. — Deux paysages, — eaux-fortes originales. (App. à M. Bracquemond).

**ALAVOINE (Jean-Antoine),** architecte, né en 1776, mort en 1834.

2. — L'Éléphant de la Bastille ; — eau-forte originale. (App. à M. H. Béraldi).

**ALIX (Pierre-Michel),** né en 1762, mort en 1817.

3. — Madame St-Aubin, de l'Opéra-Comique ; —gravure en couleur. (App. à M. Lacroix).
4. — Les Consuls, d'après van Gorp ; — gravure en couleur. (App. à M. H. Béraldi).

**ALLAIS (Mme Angélique-Briceau).** — Vers 1791.

4. — Mirabeau ; — gravure en couleur. (App. à M. L. Béraldi).

**AUBRY-LECOMTE (Hyacinthe-Louis-Victor-Jean-Baptiste),** né à Nice de parents français, le 31 octobre 1787, mort à Paris, le 2 mai 1858.

6. — Françoise de Rimini, d'après Ingres ; — lithographie. (App. à M. Giacomelli).
7. — Les Vendanges, d'après Prud'hon ; — lithographie. (App. à M. H. Béraldi).

**AUDOUIN (Pierre),** né à Paris en 1768, mort à Paris, le 12 juillet 1822

8. — Portrait de Louis XVIII, d'après Gros ; — gravure. (App. à M. H Béraldi).

**BARYE (Antoine-Louis),** sculpteur, né à Paris, le 24 septembre 179?, mort en 1875.

9. — Une Lionne et ses petits. — Étude de tigre. — Jeune axis. — Étude de chat. — Ours du Mississipi ; — lithographies originales. (App. à M. Bracque nond).

**BASTIEN-LEPAGE (Jules),** né à Damvillers (Meuse), le 1er novembre 1848, mort le 9 Décembre 1884.

10. — Portrait du sculpteur Rodin ; — pointe sèche originale (App. à M. E. Bastien-Lepage).

**BEAUGRAND (Achille-Victor),** né à Paris, le 4 décembre 1819, mort en 18?0.

11. — Saint Augustin et Sainte Monique, d'après Ary Scheffer ; — gravure.

**BEISSON (François-Joseph-Etienne),** né à Aix (Bouches-du-Rhône), le 17 décembre 1759, mort à Paris, en 1820.

12. — Marat (messidor an II); — gravure. (App. à M. J. Bouillon).

**BELLENGER (Clément),** né à Paris.

13. — Sept illustrations, dessins de D. Vierge ; — gravures sur bois.

**BERTINOT (Gustave-Nicolas),** né à Louviers (Eure), le 22 septembre 1845 ; mort à Paris en 1888.

14. — La Vierge aux donateurs, d'après Van Dyck ; — gravure.
15. — Le Christ succombant sous la croix, d'après Lesueur ; — gravure.
16. — La Vierge, l'Enfant Jésus et Saint J.-Baptiste, d'après M. Bouguereau ; — gravure.
17. — Portrait de Mme la marquise de Queux de Saint-Hilaire, d'après Couderc ; — gravure.
18. — Le Christ en croix, d'après Ph. de Champaigne ; — gravure.
19. — Portrait de Martinet, membre de l'Institut ; — gravure.
20. — Les Disciples d'Emmaüs, d'après le Titien ; — gravure.
21. — Les Bergers, d'après Baudry ; — gravure.
22. — Thisbé, d'après Edwin Long ; — gravure.
23. — Cherubini, d'après Ingres ; — gravure.

**BERVIC (Charles-Clément),** né à Paris, le 23 mai 1756 ; mort à Paris, le 23 mars 1822.

24. — Louis XVI en costume royal, d'après Callet ; — gravure
25. — L'Education d'Achille, d'après Regnault ; — gravure (an VI).
26. — L'Enlèvement de Déjanire, d'après Le Guide ; — gravure (an X). (App. à M. J. Bouillon).

**BLANCHARD (Auguste-Thomas-Marie),** membre de l'Institut, né à Paris. — ✵.

27. — Jupiter et Antiope, d'après le Corrége ; — gravure.
28. — La Partie d'échecs, d'après M. Meissonier ; — gravure.
29. — Le Jour du Derby, d'après Frith ; — gravure.

**BLÉRY (Eugène-Stanislas-Alexandre),** né à Fontainebleau (Seine-et-Oise), le 3 mars 1805 ; mort en 1886.

30. — Les Chaumières ; — eau-forte originale. (App. à M. H. Béraldi).
31. — Le grand Chardon ; — eau-forte originale.
32. — Le Chêne et le Roseau ; — eau-forte originale. (App. à Mlle Bléry).

**BOILLY (Louis-Léopold),** né à la Bassée (Nord), le 5 Juillet 1761, mort à Paris en 1845.

33. — Le Singe mendiant ; — lithographie originale. (App. à M. H. Béraldi).
34. — La Douce résistance ; — gravure au pointillé de couleur par Tresca, d'après Boilly.
35. — « On la tire aujourd'hui » ; — gravure au pointillé de couleur, d'après Boilly. (App. à M. Lacroix).

**BOILVIN (Émile),** né à Metz.

**36.** — Janotus de Bragmardc haranguant Gargantua; — eau-forte originale. — Agacerie; —eau-forte, d'après une aquarelle du graveur. (Pour la *Gazette des Beaux-Arts*).

**37.** — La Toilette, d'après Boilly. — La Vierge aux Innocents, d'après Rubens; — eaux-fortes. (Pour la *Gazette des Beaux-Arts*).

**BOISSIEU (Jean-Jacques de),** né à Lyon (Rhône), en 1736; mort à Lyon, le 1er mars 1810.

**38.** — Portrai de Boissieu tenant une planche sur laquelle est le portrait de sa femme ; — eau forte originale (1796).

**39.** — Paysage; — eau-forte originale.

**40.** — La leçon de botanique, — eau-forte originale (1804). (App. à M. J. Bouillon)

**BONHEUR (Mlle Marie-Rosa),** peintre, née à Bordeaux. — ✡.

**41.** — Un croquis; — lithographie originale (1864). (App. à M. Rouart).

**BONHOMMÉ (François-Ignace, dit le Forgeron),** peintre, né à Paris, le 15 mars 1809, mort à Paris le 2 octobre 1881.

**42.** — Érection de l'obélisque, 25 octobre 1836, midi ; — lithographie originale.

**43.** — Erection de l'obélisque, trois heures ; — lithographie originale.

**44.** — Le 15 Mai 1848; — lithographie originale.

**45.** — Mineurs dans une galerie ; — lithographie originale. (App. à M. Bracquemond).

**BONNAT (Léon),** peintre, membre de l'Institut, né à Bayonne (Basses-Pyrénées). — C. ✡.

**46.** — Portrait de M. Thiers ; — eau-forte originale. (App. à M. H. Béraldi).

**BONNEFOY.**

**47.** — La Marche incroyable, d'après Boilly ; — gravure au pointillé (an VII).

**BONVIN (François),** peintre, né à Paris, le 22 novembre 1817, mort à Saint-Germain-en-Laye.

**48.** — Le Graveur ; — Instruments du graveur ; — eaux-fortes originales.

**49.** — Fileuse; — eau-forte originale (1861).

**50.** — Enfant mangeant sa soupe. — Tisseuse de Guingamp ; — eaux-fortes originales (1864 et 1868).

**51.** — La Sortie de la cave ; — eau-forte originale (1861).

**52.** — Guitariste ; — eau-forte originale.

**53.** — Enfant ; — eau-forte originale (1871). (App. à M. Philippe Burty).

**BOUCHER-DESNOYERS (baron Auguste-Gaspard-Louis),** né à Paris, le 19 décembre 1779, mort à Paris, le 16 janvier 1857.

**54.** — La belle Jardinière, d'après Raphaël ; — gravure.

**55.** — Portrait en pied de Napoléon, d'après Gérard ; — gravure. (App. à MM. Danlos et Delisle).

**56.** — La Vierge de la maison d'Albe, d'après Raphaël ; — gravure.

**57.** — La Vierge aux rochers, d'après Léonard de Vinci ; — gravure.

**58.** — Portrait de Talleyrand, d'après Gérard; — gravure. (App. à M. J. Bouillon).

**BRACQUEMOND (Joseph-Félix),** né à Paris. — ✡.

**59.** — Portrait d'Erasme, d'après Holbein ; — gravure. (*Chalcographie du Louvre*).

**60.** — Portrait de Méryon, d'après nature; — eau-forte.

**61.** — Le Haut d'un battant de porte; — eau-forte originale.

**62.** — La Volaille plumée ; — eau-forte originale.

**63.** — La Neige; — eau-forte originale.

**64.** — Margot la critique; — eau-forte originale.

**BRESDIN (Rodolphe, dit: Chien-Caillou),** né à Ingrandes (Maine-et-Loire), le 17 mars 1825, mort en 1885.

**65.** — Le Bon Samaritain ; — lithographie originale à la plume. (App. à Mme A Dayot).

**BROWN (John-Lewis),** peintre, né à Bordeaux. — ✮.

66. — Le Maréchal de Conflans; — eau-forte originale. (App. à M. H. Béraldi).

**BRUNET-DEBAINES (Alfred-Louis),** né au Havre.

67. — Le Cottage, d'après Constable ; — eau-forte. (Pour le journal *L'Art*).

**BUHOT (Félix),** né à Valognes (Manche).

68. — Matinée d'hiver au quai de l'Hôtel-Dieu ; — eau-forte originale.

**BURDET (Augustin),** né à Paris le 17 décembre 1798.

69. — Prise de la Smala d'Abd-el-Kader, d'après H. Vernet ; — gravure. (Pour les *Galeries de Versailles*).

**CABAT (Louis),** peintre, membre de l'Institut, né à Paris. — O. ✮.

70. — Prairie à Aumale ; — Picardie (1880) ; — eaux-fortes originales. Intérieur d'une métairie ; — lithographie originale.

71. — Marais ; — lithographie originale. (App. à M. Bracquemond).

**CARON (Adolphe-Alexandre-Joseph),** né à Lille (Nord), le 7 janvier 1797, mort à Clamart (Seine), le 22 décembre 1867.

72. — Faust apercevant Marguerite pour la première fois, d'après Ary Scheffer ; — gravure. (App. à M. H. Béraldi).

**CARON (Jean-Louis-Toussaint),** né à Paris, le 27 février 1790, mort à Paris, le 13 août 1832.

73. — La Famille malheureuse, d'après Prud'hon ; — gravure (1831). (App. à M. H. Béraldi).

**CATTELAIN (Philippe-Auguste),** né à Paris.

74. — Tambour des grenadiers de la garde ; — gravure originale. (App. à M. H. Béraldi).

**CHAMPOLLION (Eugène-André),** né à Embrun (Hautes-Alpes).

75. — Baromètre en bois sculpté, d'après Beurdeley ; — gravure (Pour le journal *L'Art*).

**CHAPLIN (Charles),** peintre, né aux Andelys (Eure). — O. ✮.

76. — Aulnay, temps de pluie ; — eau-forte originale.

77. — L'Embarquement pour Cythère, d'après Watteau ; — eau-forte. (*Chalcographie du Louvre*).

**CHARLET (Nicolas-Toussaint),** peintre, né à Paris, le 20 décembre 1792, mort à Paris, le 29 décembre 1845.

78. — Voltigeur ; — lithographie originale.

79. — Carabinier ; — lithographie originale.

80. — Les Français après la victoire ; — lithographie originale.

81. — « Tremblez, ennemis de la France ! » ; — lithographie originale à la plume. (App. à M. H. Béraldi).

**CHASSÉRIAU (Théodore),** peintre, né à Sainte-Barbe-de-Samana (Amérique espagnole), de parents français, le 20 septembre 1819, mort à Paris, le 8 octobre 1856.

82. — Apollon et Daphné ; — lithographie originale.

83. — Vénus Anadyomène ; — lithographie originale.

84. — La Romance du saule ; — eau-forte originale.

85. — La Toilette de Desdémone ; — eau-forte originale. (App. à M. Chassériau).

**CHAUVEL (Théophile-Narcisse),** né à Paris. — ✮.

86. — L'Orage, d'après Diaz ; — lithographie.

87. — Le Pont de Grez, d'après Corot ; — lithographie.

88. — Une Chaumière, en Normandie, d'après Isabey ; — lithographie.

89. — Le Vaisseau-fantôme, d'après Méryon ; — lithographie.

90. — L'Étang, d'après Corot ; — eau-forfe.

91. — La Hutte, d'après Th. Rousseau ; — eau-forte.

**CHÉRET (Jules),** né à Paris.

**92.** — Tertulia (affiche) ; — lithographie en couleur.
**93.** — Athénée-comique (affiche) ; — lithographie en couleur.
**94.** — Paul Legrand (affiche) ; — lithographie en couleur.
**95.** — Les Tziganes (affiche) ; — lithographie en couleur

**CHIFFLART (François-Nicolas),** né à Saint-Omer (Pas-de-Calais).

**96.** — Titre ; — eau-forte originale.
**97.** — Titre ; — eau-forte originale. (App. à M. G. Meyer).

**CHRÉTIEN (Gilles-Louis),** musicien de la chapelle du Roi, inventeur du « Physionotrace », né à Versailles (Seine-et-Oise), le 5 janvier 1754, mort à Paris, le 4 mars 1811.

**98.** — Portraits de femmes, gravés au physionotrace (1793). (App. à M. L. Béraldi).

**COPIA (Jacques-Louis),** né en 1764, mort en 1799.

**99.** — Marat tel qu'il était au moment de sa mort, d'après David ; — gravure au pointillé.
**100.** — La Constitution républicaine, d'après Prud'hon ; — gravure au pointillé. (App. à M. H. Béraldi).

**COROT (Camille),** peintre, né à Paris, le 20 juillet 1796.

**101.** — Souvenir de Toscane. — Bateau sous les saules. — Etang de Ville-d'Avray. — Un lac dans le Tyrol. — Souvenir d'Italie. — Environs de Rouen. — Paysage d'Italie. — Dans les dunes ; — eaux-fortes originales. (App. à M. Robaut).
**102.** — Souvenir de Toscane ; — eau-forte originale. (Pour la *Gazette des Beaux-Arts*).
**103.** — Six autographies. (App. à M. Robaut).

**COURTRY (Charles-Louis),** né à Paris. — ✵.

**104.** — L'almée, d'après Gérôme. — Le bain, d'après Gérôme. — La Normandie, d'après Troyon ; — eaux-fortes.

**DANGUIN (Jean-Baptiste),** né à Frontenas (Rhône), membre correspondant de l'Institut. — ✵.

**105.** — Portrait de femme, d'après Rembrandt ; — gravure. (Pour la *Société française de gravure*).

**DAUBIGNY (Charles-François),** peintre, né à Paris, le 15 février 1817 ; mort en 1878.

**106.** — Le Buisson, d'après Ruysdaël ; — eau-forte. (App. à M. H. Béraldi)
**107.** — Le Marais ; — eau-forte originale. (Pour la *Gazette des Beaux-Arts*)
**108.** — Le bac de Bezons ; — trois eaux-fortes originales (App. à M. Bracquemond)
**109.** — Parc à moutons, le matin ; — eau-forte originale (1860). (App. à M. H. Béraldi).

**DAUMIER (Honoré),** né à Marseille, le 26 janvier 1808, mort à Valmondois, le 11 février 1879.

**110.** — Le Ventre législatif ; — lithographie originale.
**111.** — La Rue Transnonain ; — lithographie originale.
**112.** — « Ne vous y frottez pas » ; — lithographie originale. (App. à M. Bracquemond).
**113.** — Caricatures politiques ; — lithographies originales.
**114.** — Caricatures politiques ; — lithographies originales.
**115.** — Caricatures diverses : Robert Macaire, etc. ; — lithographies originales. (App. à M. Maindron).

**DEBUCOURT (Louis-Philibert),** né à Paris, le 13 février 1755 ; mort à Paris, le 22 septembre 1832.

**116.** — La Galerie du Palais-Royal ; — estampe originale en couleur.
**117.** — Le Jardin du Palais-Royal ; — estampe originale en couleur.
**118.** — « Jouis, tendre mère ! » — estampe originale en couleur.
**119.** — La Coquette et ses filles ; — estampe originale en couleur.
**120.** — Les Galants surannés ; — estampe originale en couleur.
**121.** — Les Courses du matin ; — estampe originale en couleur.
**122.** — Les Visites (publiée le 1er jour du XIXe siècle) ; — estampe originale en couleur.

123. — L'Orange ou le moderne jugement de Pâris ; — estampe originale en couleur.
124. — Le Coup de vent, d'après C. Vernet ; — estampe originale en couleur.
125. — « Passez, payez ! », d'après C. Vernet ; — estampe originale en couleur.
126. — La Marchande de poissons, d'après C. Vernet ; — estampe originale en couleur. (App. à M. H. Lacroix).
127. — Préparatifs d'une poule entre cinq chevaux de course, d'après C. Vernet ; — gravure au lavis. (App. à MM. Danlos et Delisle).

**DECAMPS (Alexandre-Gabriel),** peintre, né à Paris le 3 mars 1803, mort à Fontainebleau le 22 août 1860.

128. — Anier turc ; — eau-forte originale.
129. — Patrouille à Smyrne. — Essai de lithotinte. — Croquis divers ; — lithographies originales.
130. — Le Chenil ; — Le Chasseur ; — lithographies originales. (App. à M. Burty).

**DELACROIX (Eugène),** peintre, né à Charenton-Saint-Maurice le 26 avril 1798, mort à Paris le 13 août 1863.

131. — Juive d'Alger ; — eau-forte originale (1833).
132. — Choc de cavaliers maures ; — eau-forte originale (1834).
133. — Lionne dévorant un Arabe ; — vernis mou. — Jeune tigre jouant avec sa mère ; — lithographie originale. — Lion dévorant un cheval ; — lithographie originale.
34. — Macbeth ; — lithographie originale.
35. — Goetz de Berlinchingen ; — lithographie originale.
136. — Hamlet ; — lithographie originale.
137. — Une gravure sur bois, d'après Delacroix, par Andrew, Best et Leloir.
138. — Trois gravures sur bois, d'après Delacroix, par Andrew, Best et Leloir. (App. à M. Ph. Burty).
139. — Faust ; — trois lithographies originales. (App. à M. G. Marye).
140. — Tigre royal. — Lion de l'Atlas ; — lithographies originales. (App. à M. A. Robaut).

**DESBOUTIN (Marcellin),** né à Cérilly (Allier).

141. — Portrait de M. le comte Lepic ; — pointe sèche. (App. à M. H. Béraldi).

**DESCOURTIS (Charles-Melchior),** né à Paris en 1753, mort en 1826.

142. — Noce de village, d'après Taunay ; — gravure en couleurs.
143. — Foire de village, d'après Taunay ; — gravure en couleurs. (App. à M. le comte de Greffulhe).

**DEVÉRIA (Achille),** né en 1800, mort en 1857.

144. — Portrait d'Alexandre Dumas ; — lithographie originale.
145. — Portrait de Victor-Hugo ; — lithographie originale (1829).
146. — Portrait de Camille Roqueplan ; — lithographie originale.
147. — Portrait de M^me^ Eckerlin ; — lithographie originale.
148. — Portrait de Julia et Judith Grisi ; — lithographie originale. (App. à M. L. Béraldi)

**DIAZ DE LA PEÑA (Narcisse),** peintre, né à Bordeaux le 21 août 1808, mort à Menton le 18 novembre 1876.

149. — Les Fous amoureux. — Les Folles amoureuses ; — lithographies originales.
150. — Beauté. — Le Mort de peur ; — lithographies originales. (App. à M. Bracquemond).

**DIDIER (Adrien),** né à Gigors (Drôme). — ✲.

151. — Portrait de J. P. Laurens, d'après lui-même ; — gravure. (Pour le journal l'*Art*).
152. — Anne de Clèves, d'après Holbein ; — gravure.
153. — La Poesie, d'après Raphaël ; — gravure.

**DIEN (Claude-Marie-François),** né à Paris, le 11 novembre 1787, mort le 20 avril 1885.

154. — Portrait de Gatteaux, d'après Ingres ; — gravure en fac-simile de crayon. (S. 1833).
155. — Portrait de M^me^ Gatteaux, d'après Ingres ; — gravure fac-simile de crayon. (App. à M. L. Béraldi. – S. 1834).

**DORÉ (Gustave),** peintre, né à Strasbourg le 6 janvier 1833, mort en 1883.

156. — Frère Angel ; — lithographie originale. (App. à M. Bracquemond).
157. — La Rue de la Lanterne, (mort de Gérard de Nerval) ; — lithographie originale. (App. à M. H. Béraldi).
158. — Mendiants espagnols ; — eau-forte originale.
159. — Contrebandiers espagnols ; — eaux-fortes originales.
160. — Enfants espagnols ; — eau-forte originale.
161. — Le Néophyte ; — eau-forte originale, inachevée.
162. — Après ripaille ; — eau-forte originale.
163. — Le fossoyeur ; — eau-forte originale.
164. — Les Laveuses. — Le Public du paradis. — L'Orchestre du théâtre français ; — lithographies originales (App. à M. le Dr Joseph Michel).

**DUPLESSI-BERTAUX,** né en 1747, mort en 1813.

165. — Vue du Port-au-Ble, d'après le chevalier de Lespinasse ; — eau-forte.
166. — Installation du Directoire, d'après Swebach ; — eau-forte pour les *Tableaux de la Révolution*.
167. — Bonaparte aux Cinq-Cents ; — eau-forte. (App. à M. L. Béraldi).

**DUPRÉ (Jules),** peintre, né à Nantes. — O. ✵.

168. — Vue prise à Alençon. — Vue prise en Normandie. — Vue prise en Angleterre. — Bord de la Somme ; — lithographies originales. (App. à M. Bracquemond).
169 — Moulin de la Sologne. — Vue prise dans le port de Plymouth ; — lithographies originales. (App. à Mme Dupré).

**DURAND (André),** né à Amfreville-la-Mivoie (Seine-Inférieure), le 5 mai 1807, mort à Paris le 10 août 1867.

170. — Vue de Lucerne, d'après un dessin de Victor-Hugo ; — lithographie.

**FANTIN-LATOUR (Henri),** peintre, né à Grenoble. — ✵.

171. — Le Tannhauser ; — lithographie originale.
172. — La Fée des Alpes ; — id.
173. — Le Rheingold ; — id.
174. — L'Anniversaire ; — id.

**FIESINGER.** — Vers 1795.

175. — Portrait de Bonaparte ; — gravure au pointillé. (App. à M. L. Beraldi).

**FLAMENG (Léopold),** né à Bruxelles, de parents français. — ✵.

176. — La Source, d'après Ingres ; — eau-forte.
177. — La Naissance de Vénus, d'après Cabanel ; — eau-forte.
178. — Mme Devauçay, d'après Ingres ; — eau-forte. (Pour la *Gazette des Beaux-Arts*).
179. — Diplôme des belles actions (1871) ; — gravure.
180 — Portrait de Rembrandt ; — eau-forte.
181. — La Ronde de nuit, d'après Rembrandt ; — eau-forte.
182. — Copie de la pièce aux cent florins ; — eau-forte.

**FORSTER (François),** né à Locle (Suisse), le 22 août 1790 (naturalisé français), mort à Paris en 1868.

183. — François Ier et Charles-Quint, visitant les tombeaux de Saint-Denis, d'après Gros ; — gravure.
184. — Sainte-Cécile, d'après Paul Delaroche ; — gravure. (App. à MM. Danlos et Delisle).

**FRANÇAIS (Louis-François),** peintre, né à Plombières (Vosges). — O. ✵.

185. — Six lithographies d'après Decamps, Marilhat, J. Dupré, Th. Rousseau. Français, Troyon.
186. — Effet du matin, d'après Th. Rousseau. — L'abreuvoir, soleil couchant, d'après Jules Dupré. — Le soir, d'après Corot. — Danse des nymphes, d'après Corot ; — lithographies.

**FRANÇOIS (Alphonse),** né à Paris, mort en 1888.

187 — Mariage mystique de Sainte-Catherine, d'après Memling ; — gravure. (Société française de gravure).
188. — Psyché, d'après M. Jules Lefebvre ; — gravure.
189. — Portrait de M. Henriquel-Dupont; — gravure. (App. à M***).

**FRANÇOIS (Jules),** né à Paris le 24 décembre 1806, mort à Neuilly le 16 octobre 1861.

190. — Le galant Militaire ; — d'après Terburg ; — gravure. (*Chalcographie du Louvre*).
191. — Pélerins sur la place Navone, d'après Paul Delaroche ; — gravure. (App. à MM. Boussod et Valadon).
182. — Portrait ; — gravure. (App. à M. le Dr Verwaest).

**GAILLARD (Ferdinand),** né à Paris le 7 janvier 1834, mort le 19 janvier 1887.

193. — Condottiere, d'après Antonello de Messine ; — gravure.
194. — La Vierge au donateur, d'après Jean Bellin ; — gravure.
195. — La Vierge de Jean Bellin ; — gravure.
196. — L'Homme à l'œillet, d'après Van Eyck ; — gravure.
197. — La Vierge de la maison d'Orléans, d'après Raphaël ; — gravure.
198. — Tête de cire du musée de Lille : — gravure.
199. — Dom Prosper Guéranger, abbé de Solesmes ; — gravure.
190. — Léon XIII ; — gravure. (Pour la *Gazette des Beaux-Arts*).
201. — Saint-Sébastien, d'après le tableau du graveur; — gravure. (Pour le journal l'*Art*).
202. — La Vierge de Botticelli ; — gravure. (App. à M. Burney).
203. — St-Georges, d'après Raphaël. (S. 1886).
204. — Les Disciples d'Emmaüs. (S. 1885).
205. — S. S. Léon XIII. (S. 1880).
206. — Mgr Billard, évêque de Carcasonne. (S 1886).
207. — Le R. S. Hubin. (S. 1885)
208. — La Sœur Rosalie. (App. à M. le Dr Dewulf. - S. 1887).

**GATINE** (attribué à **Georges-Jacques). — Vers 1790.

209. — Les Invisibles, d'après Bosio ; — gravure en couleur.
200. — La Poule ; — gravure en couleur.
211. — Le Bal de l'Opéra ; gravure en couleur.
212. — La Bouillotte ; — gravure en couleur.
213. — Promenade de Longchamps : — gravure en couleur. (App. à M. Lacroix).

**GAUJEAN (Eugène),** né à Paris.

214. — Orphée, d'après Gustave Moreau ; — gravure. (Pour le journal l'*Art*

**GAVARNI (Guillaume-Sulpice CHEVALIER,** dit), né à Paris le 13 janvier 1804, mort à Paris le 23 novembre 1866.

215. — Portrait de Gavarni ; — lithographie originale.
216. — Etudes d'enfants ; — deux lithographies originales.
217. — Bal à la Chaussée d'Antin ; — lithographie originale.
218. — Les Enfants terribles ; Le Carnaval ; — trois lithographies originales.
219. — Impressions de ménage ; — deux lithographies originales.
210. — Paris le soir ; — deux lithographies originales.
221. — Les Lorettes ; — trois lithographies originales.
222. — Affiches illustrées ; Chemin de Toulon ; — trois lithographies originales.
223. — Le Highland Piper ; — lithographie originale.
234. — Portrait du prince Napoléon ; — lithographie originale.
225. — Dans les coulisses ; — lithographie originale.
226. — Par-ci par là. — « Il lui sera beaucoup pardonné »; — deux lithographies originales. (App. à M. Pierre Gavarni).
227. — Vignettes sur bois d'après Gavarni et autres, pour *les Français peints par eux-mêmes*. (App. à M. P. Gallimard).

**GELÉE (Antoine-François),** né à Paris le 18 mai 1796, mort à Paris le 27 février 1860.

228. — La Justice et la Vengeance poursuivant le Crime, d'après Prud'hon ; — gravure.

**GÉRICAULT (Théodore)**, peintre né à Rouen, le 26 septembre 1791, mort à Paris le 18 janvier 1824.

229. — Retour de Russie ; — lithographie originale.
230. — L'Entrée de l'entrepôt d'Adelphi ; — lithographie originale.
231. — Deux études de chevaux ; — lithographies originales. (App. à M. Giacomelli).
232. — Le pauvre homme à la porte d'une boulangerie ; — lithographie originale (1821). (App. à M. Rouart).

**GIGOUX (Jean-François)**, peintre, né à Besançon. — O. ✻.

233. — Portraits des frères Johannot, d'Eugène Delacroix, d'Antonin Moine, d'Alfred de Vigny, de Walter Scott ; — lithographies d'après nature.
334. — Miss Kemble ; — Convalescence ; — lithographies originales.
235. — Caroline Murat ; — lithographie originale.
236. — Mme Dorval. — Deux jeunes filles. — Le baron Gérard ; — lithographies originales. (App. à M. L. Beraldi).

**GILBERT (Achille)**, né à Paris, le 6 avril 1828.

237. — La Tentation, d'après Tassaert ; — lithographie.
238. — Mme H..., d'après Henner ; — gravure. (Pour le journal l'*Art*).

**GIRARD (François)**, né à Vincennes en 1789, mort à Paris le 17 janvier 1870.

239. — Mlle Sontag, d'après Paul Delaroche ; — gravure à la manière noire. (App. à M. L. Beraldi).
240. — Mazarin, d'après Paul Delaroche ; — gravure à la manière noire. (App. à MM. Boussod, Valadon et Cie).

**GODEFROY (Adrien)**, né à Paris le 20 octobre 1777, mort en 1865.

241. — Le Thé parisien, d'après Harriet ; — gravure en couleur. (App. M Lacroix).

**GODEFROY (Jean)**, né à Londres, de parents français, en 1771, mort à Paris, le 3 septembre 1839.

242. — Bonaparte à la Malmaison, d'après Isabey ; — gravure au pointillé.
243. — Bataille d'Austerlitz, d'après Gérard ; — gravure au pointillé. (App. à M. Bouillon).

**GŒNEUTTE (Norbert)**, peintre, né à Paris.

244. — Portrait de jeune fille ; — pointe sèche originale.

**GONCOURT (Jules de)**, né à Paris en 1830, mort en 1879.

245. — Masque de l'abbé Raynal, d'après Latour ; — eau-forte.
246. — Le Gobelet d'argent, d'après Chardin ; — eau-forte.
247. — La Lecture, d'après Fragonard ; — eau-forte.
248. — Chanteurs ambulants, d'aprés Gavarni ; — eau-forte. (App. à M. E. de Goncourt).

**GREUX (Gustave)**, né à Paris.

249. — La Comtesse de Bark, d'après Henri Regnault ; — gravure. (Pour le journal l'*Art*).

**GRÉVEDON (Henri)**, né à Paris, le 17 octobre 1776, mort en juin 1860.

250. — Portrait de Baptiste aîné, d'après J.-B. Isabey ; — lithographie.
251. — Portrait de Mme Noblet. (App. à M. L. Béraldi).

**GROS (Baron Antoine-Jean)**, peintre né à Paris le 16 mars 1771, mort le 26 juin 1835.

252. — Chef de mamelucks ; Arabe du désert ; — lithographies originales. (App. à M. Bracquemond).

**GUÉRARD (Henri)**, né à Paris.

253. — Quatre vues de Paris ; — eaux-fortes originales.
254. — La retenue de Dieppe ; — eau-forte originale.

**HAUSSOULLIER (Guillaume, dit William),** né à Paris.

255. — Romulus vainqueur d'Acron, d'après Ingres ; — gravure (1866).
256. — L'Odalisque à l'esclave, d'après Ingres ; — gravure.

**HÉDOUIN (Edmond),** né à Boulogne-sur-mer le 16 juillet 1820, mort en 1888.

257. — Portrait de femme, d'après Chaplin ; — gravure. (Pour le journal l'*Art*)
258. — Le Bain de Diane, d'après Boucher ; — gravure. (*Chalcographie du Louvre*)
259. — Rendez-vous de chasse, d'après Vanloo ; — eau-forte. (App. à Mlle Hédouin).
260. — Illustrations pour *Molière*. (App. à M. Morgand).
261. — Portrait du Marquis Du Lau d'Allemans.

**HENRIQUEL-DUPONT (Louis-Pierre),** membre de l'Institut, né à Paris. — C. ✵.

262. — Abdication de Gustave Wasa, d'après Hersent ; — gravure (1831).
263. — Le marquis de Pastoret, d'après Paul Delaroche ; — gravure (1838).
264. — Louis-Philippe, d'après le baron Gérard (1837).
265. — Bertin aîné, d'après Ingres ; — gravure.
266. — Carle Vernet, d'après Paul Delaroche ; — eau-forte.
267. — Sauvageot ; — gravure originale (1852). (App. à M. L. Beraldi).
268. — Lord Strafford, d'après Paul Delaroche ; — gravure.
269. — L'Hémicycle du Palais des Beaux-Arts, d'après Paul Delaroche ; — gravure. (App. à MM. Boussod, Valadon et Cie).

**HERVIER (Adolphe),** né à Paris en 1821, mort en 1879.

270. — Port normand ; — Paysage ; — Marée basse ; — eaux-fortes originales (1841). (App. à M. H. Beraldi).

**HILLEMACHER (Frédéric),** né à Paris le 13 octobre 1818, mort en 1886.

271. — La Grazia, La Rosa ; — eaux-fortes originales (1846-1849).
272. — Illustrations pour l'édition des *Œuvres de Molière* publiée à Lyon par Scheuring en 1864-1870. (App. à Mme F. Hillemacher).

**HUET (Paul),** peintre, né à Paris, le 3 octobre 1803, mort en 1868.

273. — Les Eaux de Royat ; eau-forte originale.
274. — Sous bois ; — Une chaumière ; — eaux-fortes originales. (S. 1834).
275. — Dix lithographies originales. (App. à M. René Paul Huet).

**HUOT (Adolphe),** né à Paris le 13 novembre 1839, mort en 1882.

276. — La Cigale, d'après M. J. Lefebvre ; — gravure.
277. — La Vierge de la délivrance, d'après M. Hébert ; — gravure. (App. à MM. Boussod-Valadon et Cie).

**INGRES (Jean-Auguste-Dominique),** peintre né à Montauban en 1780, mort à Paris en 1867.

278. — Portrait de G. C. de Pressigny, archevêque de Rennes ; — eau-forte originale (1816). (App. à M. L. Beraldi).
279. — L'Odalisque ; — lithographie originale (1825). (App. à M. Al. Rouart).

**ISABEY (Jean-Baptiste),** peintre, né à Nancy le 12 avril 1767, mort le 18 avril 1855.

280. — Caricatures ; — quatre lithographies coloriées.
281. — L'Accompagnement ; — lithographie originale. (App. à M. A. Rouart. - S. 1819).

**ISABEY (Eugène),** peintre, né à Paris le 22 juillet 1803, mort à Paris en 1888

282. — Le grand Retour au port ; — lithographie originale.
283. — Souvenir de Saint-Valery. — Intérieur d'un port. — Radoub d'une barque à marée basse ; — trois lithographies originales. (App. à M. Giacomelli).

**JACQUE (Charles),** peintre, né à Paris. — O. ✵.

284. — La Bergerie ; — eau fort originale.
285. — La Souricière (1860). — Pifferari. — Troupeau de porcs. — La Maréchalerie. — Plaine de Saint-Denis. — Paysage, d'après Rembrandt. — La petite Pastorale. — Les Chaumières bourguignonnes. — Le Cavalier ; — dix eaux-fortes originales.

286. — Tir à la bécasse. — Pêche au gardon. — Habitation rustique. — Le Rémouleur (1850). — L'Arrivée aux champs. — L'Été. — L'Hiver. — Paysage, hiver. — Une bourrasque. — Le Matin ; — neuf eaux-fortes originales.

**JACQUEMART (Jules)**, né à Paris en 1837, mort en 1880.

287. — Scène espagnole, d'après Goya ; — eau-forte.
288. — Trépied ciselé par Gonthière ; — eau-forte.
289. — Armes du XVI<sup>e</sup> siècle, collection Pourtalès ; — eau-forte.
290. — Bijoux du XVI<sup>e</sup> siècle, collection Czartoryski ; — eau-forte.
291. — La Minerve de Besançon, collection Pourtalès ; — eau-forte.
292. — Armures de cheval ; — eau-forte.
293. — Table en bois sculpté par M. Beurdeley ; — eau-forte.
294. — Le Soldat et la fillette qui rit, d'après Van den Mer ; — eau-forte. (Pour la *Gazette des Beaux-Arts*).
295. — Le Baiser, d'après Fragouard ; — eau-forte. (Pour le journal l'*Art*).
296. — Titre pour la Société des Aquafortistes ; — eau-forte originale. (App. à M. Béraldi)
297. — Vase de cristal de roche ; — Vase de jaspe.
298. — Aiguière de cristal de roche.
299. — Vase de Soisson ; — Coupe d'agate. (pour les *Gemmes et Joyaux de la Couronne*). (App. à M<sup>me</sup> Masson, née Jacquemart).
300. — Défilé des populations lorraines devant l'impératrice à Nancy, d'après M. Meissonier ; eau-forte. (App. à M. A. Rouart.

**JACQUET (Achille)**, né à Courbevoie.

301. — Le Courage militaire, d'après Paul Dubois ; — gravure.

**JACQUET (Jules)**, né à Paris. — ✻.

302. — « Gloria Victis », d'après M. Mercié ; — gravure (Chalcographie du Louvre).
303. — La Jeunesse, d'après M. Chapu ; — gravure. (Chalcographie du Louvre).

**JANINET (François)**, né en 1752, mort en 1813.

304. — Projet d'un monument à ériger à Louis XVI, d'après de Varène et Moreau le jeune ; — gravure en couleur (1790). (App. à M. H. Lacroix).

**JAZET (Jean-Pierre-Marie)**, né à Paris, le 11 juillet 1788 ; mort en 1871.

305. — La Promenade du Jardin turc, d'après J. J. de B... ; — gravure en couleur. (App. à M. H. Lacroix).
306. — La Barrière de Clichy, d'après Horace Vernet ; — gravure au lavis. (App. à MM. Danlos et Delisle).
307. — Le Salon de 1824, d'après Heim ; — gravure au lavis. (App. à MM. Boussod, Valadon et Cie).

**JOHANNOT (Tony)**, peintre, né le 3 novembre 1803, mort à Paris, le 4 août 1852.

308. — Soirée d'artiste. — Scène de 1793. — Scène de la Vendée. — Les derniers Moments ; — quatre eaux-fortes originales. (App. à M. Bracquemond).

**LAEMLEIN (Alexandre)**, peintre, né à Hohenfeld (Bavière), le 9 décembre 1813 (naturalisé français), mort en à Pontlevoy en 1871.

309. — La Charité, d'après le tableau du graveur ; — lithographie. (App. à M. Bracquemond).

**LAGUILLERMIE (Frédéric-Auguste)**, né à Paris. — ✻.

310. — Portrait, d'après Antonello de Messine ; — eau-forte.
311. — Gulliver à Lilliput, d'après M. Vibert ; — eau-forte.

**LALANNE (Maxime)**, né à Bordeaux le 27 novembre 1827 ; mort à Paris le 6 août 1886.

312. — Vue du pont St-Michel. — Vue à Bordeaux. — Démolition du boulevard St-Germain. Rue des Marmousets. — Morlaix; — Cinq eaux-fortes originales. (App. à M<sup>me</sup> Lalanne).

**LALAUZE (Adolphe),** né à Rive-de-Gier (Loire).

313. — Les Gracques, d'après M. Eug. Guillaume; — gravure.

**LAMI (Eugène),** peintre, né à Paris. — O. ✡.

314. — Le Camp de Lunéville ; — lithographies coloriées à la plume (1828). (App. à M. A. Rouart).

**LANÇON (Auguste),** peintre, né à St-Claude (Jura), en 1836, mort en 1885.

315. — Un lion ; — eau-forte originale. (Pour le journal l'*Art*).

**LASSALLE (Émile).** né à Bordeaux en 1813.

316. — Portrait de Mlle Rachel ; — lithographie. (App. à M. L. Béraldi).

**LAUGIER (Jean-Nicolas),** né à Toulon en 1785, mort à Paris en 1865.

317. — Daphnis et Chloé, d'après Hersent ; — gravure. (App. à MM. Danlos et Delisle).
318. — Zéphyre, d'après Prud'hon ; — gravure. (App. à M. Bouillon).
319. — Mme de Staël, d'après Gérard ; — gravure (1818). (App. à M. L. Béraldi).

**LAURENS (Jules),** né à Carpentras. — ✡.

320 — La Famille italienne ; — lithographie.
321. — Six lithographies, d'après Tassaert, Diaz et Troyon. (App. à M. Formige).

**LAVIEILLE (Adrien),** né à Paris le 11 janvier 1818, mort le 16 juillet 1862.

322. — Huit gravures sur bois d'après Daumier, Johannot, Gavarni, etc. (Pour les *Français peints par eux-mêmes*). (App. à M. Gallimard).

**LAVOIGNAT (Hippolyte).**

323. — Trois vignettes d'après Raffet, Meissonier, etc. ; — gravures sur bois. (App. à Mlle Steinheil).
324. — Neuf vignettes d'apres Raffet, Meissonier, etc. ; — gravures sur bois. (App. à M. Gallimard).
325. — Vignettes d'après Raffet, Meisonnier, etc. ; — gravures sur bois. (App. à Mlle Steinheil).

**LECŒUR (Louis).**

326. — Bal sur l'emplacement de la Bastille, d'après Swebach ; — gravure en couleur. (App. à M. H. Béraldi).
327. — La Fédération, d'après Swebach : — gravure en couleur. (App. à M. le comte de Greffulhe).

**LEFEBVRE (Jules),** peintre, né à Tournan (Seine-et-Marne). — O. ✡.

328. — Profil de jeune fille ; — eau-forte originale. (App. à M. H. Beraldi).
329. — Une Madeleine ; — eau-forte originale.

**LEFÈVRE (Achille),** né à Paris en 1798, mort en 1864.

330. — Portrait du général Foy, d'après H. Vernet; — gravure (1829). (App. à M. H. Beraldi).

**LEGROS (Alphonse),** né à Dijon.

331. — Prêtre à l'autel ; — eau-forte originale. (App. à M. A. Rouart).
332. — Les Bûcherons ; — eau-forte originale. (App. à M. Rodin).

**LEMUD (Aimé de),** peintre, né à Thionville, mort à Nancy en 1888.

333. — Maître Wolfram ; — lithographie originale.
334. — Hélène Adelsfreidt ; — lithographie originale.
355. — L'Enfance de Callot ; — lithographie originale. (App. à M. A. Bouvenne).
336. — Le Retour des cendres ; — lithographie originale. (App. à M. H. Beraldi).

**LEPÈRE (Auguste),** né à Paris.

337. — Vaches à l'abreuvoir, d'après M. Van Marcke ; — gravure sur bois.
338. — La Pêche, d'après Charnay ; — gravure sur bois.
339. — Le Cottage, d'après Constable ; — gravure sur bois.
340. — Illustrations d'après Edmond Morin ; — gravures sur bois.

**LERAT (Paul-Edme),** né à Paris.

341. — Les Joueurs de cartes, d'après M. Meissonier ; — eau-forte (1872).
342. — Le Joueur de flûte, d'après M. Meissonier ; — eau-forte (1872).

**LEROUX (Eugène),** né à Caen (Calvados) en 1811, mort à Paris le 27 août 1863.

343. — Marphise, d'après Delacroix ; — lithographie.
344. — Marchand arabe, d'après Delacroix ; — lithographies. (App. à M. Bracquemond).

**LEROUX (Jean-Marie),** né à Paris le 6 janvier 1788, mort à Paris le 26 août 1838.

345. — Ste-Thérèse, d'après Gérard : — gravure (1831). (App. à MM. Danlos et Delisle).
346. — Le général Lafayette, d'après Ary Scheffer ; — gravure. (App. à M. le colonel Connolly).

**LEROY (Louis).**

347. — Le Torrent ; — eau-forte originale.

**LEVACHEZ fils.** — Vers 1810.

348. — Napoléon à cheval ; — gravure en couleur. (App. à M. P. Marmottan).
349. — Costumes modernes français et anglais, d'après C. Vernet ; — gravure en couleur. (App. à M. Lacroix).

**LÉVEILLÉ (Auguste-Hilaire),** né à Paris.

350. — Sept gravures sur bois.

**LIGNON (Étienne-Frédéric),** né à Paris en 1779, mort à Paris le 25 avril 1833.

351. — Mlle Mars, d'après Gérard ; — gravure (1814).
352. — Charles X (inachevé) ; — gravure. (App. à M. H. Béraldi).

**LOUIS (Aristide),** né à Toul (Meurthe) vers 1815, mort à Paris en 1853.

353. — Napoléon, d'après Paul Delaroche ; — gravure. (App. à MM. Boussod-Valadon).

**MANET (Édouard),** né en 1833, mort le 30 avril 1883.

354. — Espagnol jouant de la guitare ; — eau-forte originale (1861).
355. — Enfant à l'épée ; — eau-forte originale (1861).
356. — Lola de Valence ; — eau-forte originale (1861).
357. — Le Gamin ; — lithographie originale. (App. à M. H. Beraldi).
358. — Le Polichinelle ; — lithographie en couleur. (App. à M. L. Gonse).

**MARILHAT (Prosper),** né à Thiers (Puy-de-Dôme) le 20 Mars 1811, mort à Thiers le 13 septembre 1847.

359. — Souvenirs des environs de Rosette. — Une place du Caire. — Environs du Caire ; — eaux-fortes originales. (App. à M. A Rouart).

**MARTINET (Achille),** né à Paris en 1806, mort à Paris.

360. — Charles I^er^ insulté par ses gardiens, d'après Paul Delaroche ; — gravure. (App. à MM. Boussod et Valadon).
361. — Le chancelier Pasquier, d'après H. Vernet ; — gravure. (App. à M. L. Béraldi.)
362. — Les derniers Honneurs rendus aux comtes d'Egmont et de Horn, d'après Gallait ; — gravure. (App. à M. Martinet).

**MARVY (Louis),** né à Jouy (Seine-et-Oise). — né en 1815, mort en 1850.

363. — Deux paysages d'après Jules Dupré et Flers ; — vernis mou. (App. à M. Bracquemond).

**MASSARD (Raphaël-Urbain),** né à Paris en 1775.

364. — Les Sabines, d'après David ; — gravure (App. à MM. Danlos et Delisle.

**MASSARD (Léopold),** né à Paris en 1812, mort en 1889.

365. — M. Thiers, d'après Bonnat ; — gravure. (Pour le journal l'*Art*).

**MÉCOU (Joseph),** né à Grenoble (1774-1838).

366. — Revue du Décadi dans la cour du Carrousel, d'après Isabey et C. Vernet. (App. à M. Bouillon).

**MEISSONIER (Jean-Louis-Ernest),** membre de l'Institut, né à Lyon. — G. O. ✠.

367. — Le Fumeur ; — L'homme à l'épée ; — Annibal ; — M. Meissonier à cheval ; — eaux-fortes originales. (App. à M. le Dr Joseph Michel).

**MÉRYON (Charles),** né en 1821, mort en 1868.

368. — L'Abside de Notre-Dame ; — eau-forte originale. (S. 1855).
369. — La Tour de l'Horloge ; — eau-forte originale. (S. 1852).
370. — La Morgue ; — eau-forte originale.
371. — Le Petit-Pont. (1850) ; — eau-forte originale. (S. 1850).
372. — La Rue des Mauvais-Garçons ; — eau-forte originale. (App. à M. H. Béraldi).

**MICHELIN (Jules),** né à Paris.

373. — Un paysage ; — eau-forte originale (1868).
374. — Un paysage ; — eau-forte originale. (App. à M. Bracquemond)

**MOREAU Le Jeune (Jean-Michel),** dessinateur du cabinet du Roi, né à Paris en 1741, mort le 30 novembre 1841.

375. — Constitution de l'Assemblée nationale et Serment des Députés, (1789) ; — gravure originale. (App. à M. H. Béraldi).

**MOREL (Antoine-Alexandre),** né à Paris en 1765, mort à Paris le 2 juillet 1829.

376. — Marat dans sa baignoire, d'après David ; — gravure. (App. à M. J. Bouillon).

**MORIN (Edmond),** né au Havre en 1824, mort à Paris.

377. — Six sujets divers ; — gravures sur bois d'après les dessins de Morin. (App. à M. Bracquemond).

**MORRET,** né vers 1793.

378. — Le Café des patriotes, d'après Swebach ; — gravure en couleur. (App. à M. le comte de Greffulhe).

**MOUILLERON (Adolphe),** né à Paris, le 20 décembre 1820, mort à Paris en 1881.

379. — La Ronde de nuit, d'après Rembrandt ; — lithographie. (S. 1859).
380. — André Vésale, d'après Hamman ; — lithographie. (S. 1849).
381. — Le général P..., d'après Raffet ; — lithographie. (App. à M. A. Rouart).
382. — Une Visite à l'atelier de Rembrandt, d'après Leys ; — lithographie. (S. 1853).
383. — Un Coin du jardin, d'après M. Bodmer ; — lithographie. (App. à M. H. Béraldi. - S. 1852).

**NANTEUIL (Célestin),** né à Rome, de parents français, le 11 juillet 1813, mort en 1873.

384. — Encadrement pour les « Voyages pittoresques de la France » ; — lithographie originale.
385. — « Je t'attends là, demain ! » ; — lithographie originale.
386. — Frontispice ; — eau-forte originale. (App. à M. Béraldi).
387. — Encadrement ; — eau-forte et lithographie.
388. — Titres de romances romantiques ; — deux lithographies originales (1835).
389. — Titres pour *Notre-Dame de Paris* et *Bug-Jargal* ; — deux eaux-fortes origin[illegible].
390. — La ballade de la Jolie fille de la Garde ; — eau-forte originale. (App. à M. Ph. Burty - S. 1837).

**NEUVILLE (Alphonse-Marie de),** né à St-Omer, le 31 mai 1836, mort le 19 mai 1885.

391. — Six illustrations pour l'*Histoire de France*, gravées sur bois d'après A. de Neuville, par Gauchard et Laplante. (App. par Mme de Neuville).

**NOËL (Léon),** né à Paris, le 7 février 1807, mort à Paris.

392. — Portrait de Léopoldine Hugo, d'après Louis Boulanger ; — lithographie originale (1829).
393. — Mme Gaveaux-Sabatier ; — lithographie originale (1852). (App. à M. L. Beraldi).

**PAJOU (Jacques-Augustin),** né à Paris le 27 avril 1766, mort à Paris le 28 décembre 1828.

394. — Portraits de la famille Pajou ; — lithographie (1822). (App. à M. L. Béraldi).

**PANNEMAKER (Stephane),** né à Bruxelles, naturalisé français. — ✵.

395. — La Baigneuse, d'après M. Perrault ; — gravure sur bois.
396. — L'Hiver, d'après de Nittis ; — gravure sur bois.
397. — Jeune fille, d'après Francesco Granachi ; — gravure sur bois.
398. — Les Violettes, d'après Dubufe ; — gravure sur bois.

**PANNIER (Jacques-Etienne),** né à Paris en 1802, mort à Paris le 14 novembre 1869.

399. — Le duc de Nemours d'après Winterhalter ; — gravure. (App. à M. L. Beraldi).

**PAUQUET Père (Polydor),** né en 1759.

400. — Junot, colonel général des hussards ; — eau-forte. (Pour le *Sacre de Napoléon Ier*).
(App. à M. L. Beraldi).

**PISAN (Héliodore),** né à Marseille. — ✵.

401. — Trois illustrations pour *Don Quichotte*, d'après Gustave Doré ; — gravure sur bois.
402. — Quatre illustrations pour la *Bible*, l'*Histoire des Croisades*, les *Contes de Perrault*, d'après Gustave Doré ; — gravures sur bois.
(App. à M. le Dr Joseph Michel).

**POLLET (Florence),** né à Paris, le 22 novembre 1811.

403. — L'impératrice Eugénie, d'après Vidal ; — lithographie.
(App. à M. L. Béraldi. - S. 1853).

**PORRET (Henri-Désiré),** né à Lille en 1800.

404. — Vignettes :
Titre du journal *La Mode*, titre de l'*Europe littéraire*, d'après Tony Johannot ; — gravures sur bois. (App. à M. Bracquemond).
405. — Vignettes :
Pour l'*Entracte*, le *Ménestrel*, l'*Artiste*, pour le *Manuscrit vert*, pour *Résignée*, d'après Tony Jehannot ; — gravure sur bois. (App. à M. H. Béraldi).

**POTÉMONT (Martial), dit MARTIAL,** né à Paris, le 10 février 1828.

406. — Une Merveilleuse, d'après J. Goupil ; — gravure. (App. à M. H. Béraldi)

**POTRELLE,** né vers 1790.

407. — Portrait de Bartolini, d'après Ingres ; — gravure. (App. à M. L. Béraldi).

**PRÉVOST (Zachée),** né à Paris le 21 juin 1797, mort à Paris en avril 1861.

408. — Pêcheurs de l'Adriatique, d'après Léopold Robert ; — gravure mezzo-tinte.
(App. à MM. Boussod, Valadon et Cie).

**PRUD'HON (Pierre),** peintre, né à Cluny le 4 avril 1758, mort à Paris le 16 février 1823.

409. — Une Lecture ; — lithographie originale.
410. — Phrosine et Mélidore ; — eau-forte, premier état, par Prud'hon
411. — Même pièce, épreuve définitive par Copia.
412. — Les Préparatifs de la guerre ; — eau-forte, premier état.
413. — Une famille malheureuse ; — lithographie originale (App. à M. Eud. Marcille).

**RAFFET (Denis-Auguste-Marie),** né à Paris le 2 mars 1804, mort à Gênes le 16 février 1860.

414. — Retraite du bataillon sacré ; — lithographie originale.
415. — Le Réveil. — La Revue nocturne ; — lithographies originales.
416. — Combat d'Oued-Alleg ; — lithographie originale (1839).
417. — Le Colonel du 17e léger. — Le Drapeau du 17e léger ; — lithographies originales (1841).
418. — Bataillon carré. — « A nous, le 2e léger ! » ; — lithographies originales.
419. — Retraite de Constantine ; — lithographie originale.
420. — Le Vieux bazar.
421. — Tatars en prière ; — lithographies originales.
422. — Jeune femme karaime ; — lithographie originale.
423. — Circassiens de l'escorte de l'Empereur de Russie ; — lithographie originale (1842).
424. — Prêts à partir pour la Ville éternelle ; — lithographie originale. S. 1852).
(App. à M. Giacomelli).

**RAJON (Paul-Adolphe),** né à Dijon vers 1840, mort en 1888.

425. — Vieille femme, d'après Rembrandt ; — gravure.
(Pour la *Gazette des Beaux-Arts*).
426. — Mme Rose, d'après Landys ; — gravure.
427. — Darwin, d'après W. Ouless ; — gravure. (App. à Mlle Steinheil)

**RIBOT (Théodule),** né à Breteuil (Eure). — O. ✱.

428. — Une eau-forte originale.

**RICHOMME (Joseph Théodore),** né à Paris le 27 mai 1785, mort à Paris le 22 septembre 1849.

429. — Triomphe de Galathée, d'après Raphaël ; — gravure.
430. — Thétis, d'après Gérard ; — gravure. (App. à MM. Danlos et Delisle).

**ROBAUT (Alfred),** né à Douai (Nord).

431. — Causerie, fac-simile d'un dessin de M. Meissonier (App. à M. L. Beraldi).

**ROCHEBRUNE (Octave Guillaume de),** né à Fontenay-le-Comte (Vendée). — ✱.

432. — Vue générale du château de Chambord ; — eau-forte originale (1872).

**ROGER (Barthélemy).** — 1770-1840.

433. — Portrait de Marie-Antoinette, d'après Rostin ; — gravure au pointillé.
(App. à MM. Danlos et Delisle).
434. — Portement de Croix, d'après Prud'hon ; — eau-forte.
(App. à M. Eud. Marcille).

**ROQUEPLAN (Camille),** né à Mallemart (Bouches-du-Rhône) le 18 février 1800, mort à Paris le 20 septembre 1855.

435. — Vue prise près de Marly ; — lithographie originale. (App. à M. H. Béraldi).

**ROUSSEAU (Théodore),** né à Paris le 15 avril 1812, mort à Barbizon, le 22 décembre 1867.

436. — Chênes de roche ; — eau-forte originale. (Pour la *Gazette des Beaux-Arts*).

**ROUSSEAUX (Emile Alfred),** né à Abbevillle en 1831, mort le 5 décembre 1874.

437. — Portrait de Mme de Sévigné, d'après Robert Nanteuil, (1874).
(Pour la *Société de Gravure Française*, M. I. P. et A.)

**RUDE (François)** (attribué à), né à Dijon le 4 janvier 1784, mort à Paris le 3 novembre 1855.

438. — Pêcheur napolitain ; — lithographie publiée par l'*Artiste*.
(App. à M. Bracquemond).

**SABATIER (Léon),** né à Paris.

439. — Paysage normand, d'après Isabey ; — lithographie. (App. à M. Bracquemond).

**SAINT-AUBIN (Augustin de)**, né à Paris le 3 juin 1736, mort à Paris le 9 novembre 1807.

440. — Necker, d'après Duplessis. (App. à M. L. Beraldi).

**SAINT-EVE (Jean-Marie),** né à Lyon le 9 juin 1810, mort à Paris le 4 septembre 1856.

441. — Portrait de Krazinski, d'après Scheffer ; — gravure. (App. à M. L. Béraldi).

**SAINT-MARCEL (Charles-Edme),** né à Paris.

442. — Bouleux du Jean de Paris, forêt de Fontainebleau ; — eau-forte originale, (1850).
443. — Une mare en forêt, effet de contre-jour ; — eau-forte originale.

**SERGENT-MARCEAU (Antoine-François),** membre de la Commune de Paris et député à la Convention, né à Chartres le 9 octobre 1751, mort à Nice, le 24 juillet 1847.

444. — Le général Marceau, dessiné et gravé en couleurs, par Sergent son beau-frère ; — gravure en couleur. (App. à M. L. Lacroix).

**SIROUY (Achille),** né à Beauvais. — ✲.

445. — Jésus descendu de la croix, d'après Prud'hon. — Vénus et Adonis, d'après Prud'hon. — Mlle Mayer, d'après Prud'hon. — Les Lansquenets, d'après M. Meissonier ; — quatre lithographies.

**SOUMY (Paul-Joseph-Marius),** né au Puy le 28 février 1831, mort à Oullins le 25 juillet 1863.

446. — François Ier, d'après le Titien ; — gravure. (App. à M. L. Béraldi).

**SUDRE (Jean-Pierre),** né à Albi le 19 septembre 1783, mort à Paris, en juillet 1866.

447. — Roger et Angélique, d'après Ingres ; — lithographie. (App. à M. A. Rouart. - S. 1839).

**TARDIEU (Alexandre),** né à Paris le 2 mars 1756, mort à Paris le 3 août 1844.

448. — Portrait de Paul Barras, d'après Hilaire Ledru ; — gravure (an VII). (App. à M. L. Béraldi).
449. — La Communion de Saint-Jérôme, d'après le Dominiquin ; — gravure. (App. à MM. Danlos et Delisle).

**TASSAERT.** — Vers 1793.

450. — Charlotte Corday ; — gravure au pointillé de couleur. (App. à M. L. Béraldi).

**TAUREL.**

451. — Portrait du graveur Taurel, d'après Ingres, — gravure. (App. à M. L. Béraldi).

**TEYSSONNIÈRES (Pierre),** né à Albi.

452. — Chasse au faucon, d'après E. Fromentin ; — eau forte. (App. à M. L. Beraldi).

**TISSOT (James),** peintre, né à Nantes.

453. — Mavourneen ; — pointe sèche originale.
454. — La Frileuse ; — pointe sèche originale.
455. — A bord du « Calcutta » ; — pointe sèche originale.
456. — Sur la Tamise ; — pointe sèche originale.

**TRAVIÈS DE VILLERS (Charles-Joseph),** né à Wulffbingen (Suisse) en 1804, naturalisé français ; mort à Paris, le 13 août 1859.

457. — Liard, le chiffonnier philosophe ; — lithographie originale. (App. à M. A. Rouart).

**TRIMOLET (Louis-Joseph),** né à Paris le 17 octobre 1821, mort à Paris le 21 décembre 1843.

458. — Scènes des rues de Paris ; — deux eaux-fortes. (App. à M. Bracquemond).

**VERNET (Horace),** peintre, né à Paris le 39 juin 1789, mort à Paris le 17 janvier 1863.

459. — Portrait de Carle Vernet ; — lithographie originale (1818). (App. à M. Bracquemond).

460. — Le Lancier ; — lithographie originale.

**VERNIER (Emile),** né à Lons-le-Saulnier en 1831, mort en 1887.

461. — La Vallée de la Loue d'après G. Courbet ; — lithographie.

462. — La Vallée de la Seine, vue de l'aqueduc de Marles, d'après G. Courbet ; — lithographie. (App. à M. E. Courbet).

**VOYSARD.** — Vers 1790.

463. — Promenade du boulevard Italien, d'après Desrais ; — gravure en couleur. (App. à M. Lacroix).

**WALTNER (Charles),** né à Paris. — ✵.

464. — Le baron de Wyck, d'après Rubens ; — gravure.

465. — Mlle M···, d'après M. Paul Dubois ; — gravure.

# TABLE DES MATIÈRES.

www.ingramcontent.com/pod-product-compliance
Ingram Content Group UK Ltd.
Pitfield, Milton Keynes, MK11 3LW, UK
UKHW020935180726
13838UKWH00002B/961

9 782329 294759